나의 미래를 지배할 기억의 심리학

메모리 크래프트

이 책에 대한 찬사

인간의 모든 문제들을 하나의 원리로 설명하려는 시도는 매우 위험하지만 매력적인 작업이다. 과잉 일반화의 오류를 범할 가능성이 높지만, 복잡하게 얽히고설킨 문제들을 하나의 개념으로 풀어내기 때문에 지적 만족감이 만만치 않다. 〈메모리 크래프트〉는 우리 삶의 중요한 화두들을 〈기억〉으로 풀어내고자 하는 이국희 교수의 야심찬 도전이다. 호기심, 창의성, 융합, 정체성 등과 같은 주제들을 그 기저에 있는 기억의 문제로 환원하여 설명하고 있다. 인지심리학자로서 깊게 고민하고 넓게 읽은 저자의 학문적 깊이가 느껴지는 책이다. 일반인을 위해 지식을 쉽게 전달하려는 저자의 진정성이 문장의 곳곳에 깊게 배어 있다. 〈메모리 크래프트〉의 가장 치명적 매력은 어렵고 복잡한 주제들을 기억이라고 하는 가장 기본적인 인간의 의식 작용으로 풀어냄으로 인해 인간에 대한 이해가 순식간에 깊어진다는 점이다. 읽고 나면 인간을 보는 눈이 달라져 있을 것이라고 확신한다.

최인철(서울대학교 심리학과 교수/서울대학교 행복연구센터 센터장)

심리학에 대한 전문 지식이 없는 사람의 눈높이에 맞추어 알기 쉽고 재미있게 풀어 나간 기억과 그에 근거하는 모든 것에 대한 흥미로운 이야기! 쉽게 읽히지만 결코 가볍지 않은 마음에 관한 전문적인 이야기! 진로 문제로 고민하는 학생, 진로-진학 지도를 하는 학부모와 교사들에게 큰 도움이 될 이야기!

이형철(광운대학교 산업심리학과 교수)

기억이라는 단어만큼 중요하면서도 단순하게 이해되어 온 말도 없다. 왜 우리는 컴퓨터처럼 기억력이 좋았으면 좋겠다고 하는 바보스러운 말을 하고 살아갈까? 인간과 컴퓨터 기억은 각각 목적이 다른데도 말이다. 인간에게 있어서 기억은 잘 하는 것이 아니다. 잘 다뤄야 하는 것이다. 이미 AI가 인간보다 수백만 배 더 잘 기억한다. 하지만 아직 자신의 기억을 잘 다루는 AI는 볼 수 없다. 그건 여전히 인간의 몫이기 때문이다. 그 점을 누구보다도 잘 알고 있는 저자의 기억 사용 설명서 '메모리 크래프트'. 이 얼마나 친절하고도 자세한 우리 기억의 매뉴얼인가. 독자로서 고맙기 그지없다. 또한 한편으로 관련 연구 분야 연구자로서는 놀랍기도 하다. 이런 책은 게임으로 치자면 착한 치트키 같은 존재다.

김경일(아주대학교 심리학과 교수)

주옥같은 기억의 법칙들을 간결한 언어로 풀어낸 이국희 교수에게 찬사를
보냅니다. 정말로 이런 책이 필요했어요. 방황하지 말고, 이 책을 읽으세요.
이 책은 진짜예요. 일단 저부터 읽을 거구요.

김신우(광운대 산업심리학과 교수)

나이가 들수록 기억이 고맙고 기억에 좌절한다. 기억은 현대사회에서 생존
필수 요소다. 지식사회에서 지식은 기억을 기반으로 생성되고 증가된다. 손가
락 몇 번만 움직이면 인터넷과 클라우드에서 지식과 기록을 검색하고 다운로
드 할 수 있기에 'know how'보다는 'know where'이 더 중요해진 시대라고는
하지만 좋은 정보를 찾기 위해서는 개인의 기억이 필수불가결하다.

그리고 기억에게는 치유의 힘이 있다. 개인마다 차이가 있지만 힘든 하루
를 버티게 해 주는 것은 과거 언젠가의 아름다운 기억들 때문이다. 하지만 인
간이기에 시간이 갈수록 흐릿해지는 기억력에 좌절할 수밖에 없다. 기억의
한계를 극복하지 못한다면 인간으로서의 행복과 생존에서 큰 낭패를 볼 수
있다.

이제 거꾸로 물어본다. 그렇다면 기억을 위해서 내가 할 수 있는 것은 무
엇인가? 그 답을 이국희 교수의 〈메모리 크래프트〉에서 찾을 수 있다. 이 책
은 이국희 교수가 기억에 관한 오랜 연구를 통해 '기억'의 개념을 다시 정의
내린 소중한 연구결과다. 쫄깃한 문장들을 읽으면서 이 책을 손에서 놓을 수
없었고 한 번에 첫 페이지부터 마지막 페이지까지 읽어 내려갈 수 있었다. 특
히 그가 젊은이들에게 전하는 엄중한 경고의 메시지는 소름이 돋을 정도였
다. 기억력이 너무나 왕성해서 아마도 '기억'을 걱정하지도 않았을 젊은이들

에게 삶에 도움이 되고 의미 있는 기억을 만들기 위해서는 노력이 필요하다
는 조언은 10년, 20년이 지난 후에야 고마움을 알게 될 것이다. 그리고 그
방법을 이 책은 친절하고 쉽게 설명하고 있다. 이제부터 사회인으로서의 기
억, 전문인으로서의 기억, 현대인으로서의 기억을 쌓아 나가야 하는 모든 젊
은이들에게 일독을 권하는 이유이다.

이원복(이화여자대학교 법학전문대학원 교수)

　다들 열심히 사는 세상이다. 그래서인지 많은 사람들이 '노오력' 배신에 화
가 많이 나 있다. 그런데 많은 사람들이 놓치고 있는 성공의 중요한 비밀이
있다. 성공은 열심히 하는 사람이 아닌 잘하는 사람에게 찾아온다는 사실이
다. 노력은 성공의 필요 조건이지 충분 조건이 될 수 없다. 그런데 불행히도
우리는 학교와 사회에서 잘하는 방법은 배우지 못한 채, 그저 열심히 하는 방
법만 배워 왔다. 그러다 보니, 사람들은 추구하는 목표를 달성하기 위해, 미우
나 고우나 '노오력'에만 매달리게 된다. 인지 심리학자인 저자는 사람들의 사
고 과정의 중추를 담당하는 기억을 활용해, 일과 공부를 보다 효율적으로 잘
할 수 있는 방법을 소개하고 있다. 인지 심리학을 비롯한 다양한 심리학 분야
의 흥미로운 이론들과 연구들을 바탕으로 기억의 비밀과 활용법을 이 책에
담아 놓았다. '노오력' 배신에 상처받은 사람들이라면, 성공의 숨은 조건을 찾
아보기 바란다.

최종안(강원대학교 심리학과 교수)

공부의 닫힌 문을 여는 기술. 이 책은 가장 본질적인 공부의 원리를 담고 있다. 자신이 갇힌 알을 깨고 나가야 성적이 오른다. 한계를 깨고 싶다면 반드시 일독하라.

조승우(베스트셀러〈공부 마스터 플랜〉, 〈혼자 공부하는 힘〉의 저자)

교사는 우리 아이들이 당당한 삶의 주인이 되어 미래사회의 창의적인 인재로 성장하기를 바란다. 이 책은 아이들에게 학습부담을 줄이고 제대로 공부할 수 있는 근본적인 방법을 가르쳐 준다. 성공적인 자기주도 학습자로 성장하기를 바라는 학생, 학부모, 선생님께 이 책을 적극 권한다.

김영률(하성고등학교 교사)

"공부는 도대체 왜 해야 해요?" "책은 왜 읽어야 해요?" 반감 섞인 아이들의 질문에 명쾌한 답을 할 수 없어 난감했다. 선생님으로서 아이들이 열심히 공부해서 잘 살기만을 바라는 마음에 다그치며 한숨지었던 지난 날이 떠올랐다. 이 책의 저자는 나의 답답함과 궁금증에 대한 해답을 유쾌하고 통쾌하게 알려 준다. 속이 뻥 뚫리는 책이다. 한 줄 한 줄 소중하지 않은 부분이 없다. "공부 좀 해"라는 말로 아이들 힘빠지게 하지 말고 어른들이 먼저 읽어 보라. 아는 만큼 길이 보이고 희망이 생긴다.

이진화(부발초등학교 교사)

저자 이국희 교수는 '나름 열심히'가 아니고 '진짜 열심히' 공부하며 진정성 있는 관계를 맺고 배운 것을 기꺼이 다른 사람과 나눌 줄 아는 사람입니다. 저자의 말과 글은 그의 삶입니다. 정말 쉽게 쓰여진 인지심리학 도서 〈메모리 크래프트〉를 학생들과 함께 읽고 싶습니다. 특히 몇몇 구절은 부모며 교사인 저를 성찰하게 했습니다. 나이에 맞는 기억을 형성할 기회를 스스로 박탈하거나 환경이 마련되지 않았기 때문에 자신이 무엇을 좋아하고, 잘하고, 소속감을 느끼는지도 모른 채 20대를 맞이한다는 저자의 촌철살인의 한마디는 과히 충격이었습니다. 그동안 학생들에게 강조하고 스며들게 하고 싶었던 저의 교육 철학을 학문적으로 검증받았습니다.

김은미(경기창조고등학교 교사)

이국희 교수가 고등학생이던 시절, 나는 그의 과외선생이었다. 하나를 알려 주면 열을 익히고 늘 성실하고 예의바르던 드문(?) 사춘기 남학생. 이제 어엿한 교수가 되어 멋진 책을 세상에 내놓았다. 그의 기억 속 나는 어떤 선생이었을까? 기억의 법칙을 이렇게 쉽게 풀어낸 힘은 성실하고 착실하던 모습 그대로 늘 연구에 정진하던 '끈기'에서 온 것 아닐까?

조수빈(채널A 주말 뉴스 앵커)

그동안 '기억한다'는 것을 단순암기로 치부하며 다소 부정적인 개념으로 인식해 온 점이 없지 않다. '기억'이라는 단어 입장에서는 많이 억울했을 수 있다. 인지심리학을 '기억'이라는 이름으로 우리 생활 가까이 다가오게 만들어 준 이 책을 공부하는 아이를 가진 부모들, 꿈을 찾고 있는 청년들에게 권한다.

박천규(제일기획 카피라이터, TBWA 크리에이티브 디렉터, 플레이어블 대표)

잡(job)은 크래프트(수공예)이다! 학습과 진로 사이에서 고민하는 청소년들은 자아정체성을 어떻게 찾아갈 것인가? 이 책이 이론적 기초와 방법을 제공할 것이다. 각종 스마트기기와 디지털 환경에서 즉각적으로 반응하는 밀레니얼, Z세대인 청소년들에게 자아정체성과 자기분석은 점차 희미해져 가고 있다. 이제 의도적 집중을 할 수 있는 환경과 암기식 교육법의 재해석을 통해 진짜 나를 찾아보자. 학생, 교사, 학부모들께 창의성 교육에 접목시켜 활용해 보길 적극 추천한다.

조유경(학생 빅데이터 분석 더휴멘토리 대표)

ME
MORY

나의 미래를 지배할
기억의 심리학

메모리 크래프트

CRA

FT

이국희 지음

이너북스

프롤
로그

4차 산업시대에 대한 소문이 들려온다. 대부분은 흉흉한 소문이다. 인공지능이 인간의 일자리를 빼앗아 갈 것이라는 소문. 인공지능을 지배하는 몇몇 사람이 자본을 독차지하면서 빈익빈 부익부가 더 극심해질 것이라는 소문. 인공지능 시대에 살아남기 위해서는 교육이 달라져야 한다는 소문. 교육이 달라지려면 대학이 바뀌어야 한다는 소문. 대학이 바뀌면 중·고등학교 교육도 그에 맞게 바뀌어야 한다는 소문. 그래서 지금 시대를 살아가는 젊은이들은 극심한 변화의 소용돌이에서 빠져나오기 위해 몸부림쳐야 한다는 소문.

주변을 돌아보면 소문의 영향이 생각보다 큰 것 같다. 내가 몸부림쳐봐야 이 시대에서 승자가 되기는 어려울 거라는 자포자기가 보이고, 결국 기득권층이 모든 것을 차지할 것이기에 모든 노력이 헛것이라는 회의주의가 보인다. 힘들다. 너무 힘들고, 혼란스럽다. 어른들은 이런 젊은이들의 마음도 모르고 정체성을 확립하라고 이야기하지만, 정체성을 확립할 환경이나 만들어 주고 이런 이야기를 하면 좋겠다. "공자는 15세에 학문에 뜻을 두었고(志學), 30세에 학문적 기초 위에 자신을 세웠다는데(而立) 넌 뭐 하고 있니?"라고 말하기 전에 뭔가 안정적으로 공부할 수 있는 분위기나 만들어 주고 흉흉한 소문을 내지나 말았으면 좋겠다.

이런 소문으로도 이미 지쳐 가는데 사회는 우리에게 소문이 사실이니 준비하라고 다그친다. 뭔가 특별한 능력이 요구되는 것처럼 이야기한다. 바로 '창의성'이다. 인공지능을 뛰어넘으려면 창의성이 있어야 한다나? 창의성이 있으려면 지금처럼 공부하면 안 된다나? 비구조적인 문제(ill-structured problem: 정답이 정해져 있지 않은 문제. '63빌딩의 무게를 구해 보세요.'처럼 문제 풀이 과정이 중요하지 답이 중요하지 않은 문제를 지칭함)를 풀 수 있는 사람들이 늘어나야 한다나?

그래서 아직 변화를 위한 마음의 준비도 되어 있지 않은 청소년에게도 변하라고 강요한다. 변화를 위한 마음의 준비도 되어 있지 않은 대학생에게 아직도 안 변하고 뭐 하고 있냐고 강제한다. 토론식으로 학습하면 없던 창의성이 솟아나는 것처럼 말한다. 문제중심학습법, 과제중심학습법을 하면 갑자기 하늘에서 창의적인 역량이 솟아나는 것처럼 말한다. 스스로 문제를 내고 답하라고 요구하면 학생들 스스로 문제를 탐색하고 답을 도출하는 과정까지 아주 체계적으로 할 것처럼 생각한다. 교사는 그저 이를 관리해 주면 되며 학생들이 창의성을 기르는 것을 방해하면 큰 실수를 하는 것처럼 오해한다.

이 와중에 미래를 짊어지고 가야 할 청소년들은 더 큰 혼란을 맞이하고 있다. 인터넷에서 출처도 없는 자료를 찾아서 무슨 말인지도 모르고 발표하고, 다른 사람이 잘 만들어 놓은 보고서를 돈 주고 사서 제출하고, 자기가 하고 있는 것이 무엇인지 모르는데, 자기주도학습이라는 원칙을 지키는 선생님은 피드백을 주지 않는다. 머릿속에 무엇을 검색해야 해야 하는지에 대한 지식이 아직 형성되어 있지 않은데, 암기식 교육이나 학습은 마치 구시대의 나쁜 것으로 취급받으면서 버려졌고, 그런 것을 입에 담는 사람은 새로운 시대에 대해 잘 알지도 못하는 이상한 사람으로 보인다. 나 같아도 이런 현실이라면 울고 싶을 것 같다.

맞벌이 부부들은 먹고사는 문제로 이미 포화상태인데, 학교에서 받아쓰기를 시켜 주지 않아 아이가 책을 못 읽어 걱정이 태산이다. 그래서 정말 피곤해 죽을 것 같지만 집에서 받아쓰기를 하면서 아이들을 가르친다. 그리고 다시 회사에 나가기에 생산성이 떨어진다. 피곤한 상태에서 아이들에게 필요한 것을 암기시키다 보니 아이들에게 화를 낼 때도 많다. 이도 저도 안 되면 결국 사교육을 할 수밖에 없어진다. 어느 정도 암기를 시켜 주는 곳, 기억을 형성시켜 주는 곳이 사교육 시장밖에 없다고 여겨지기 때문이다.

무엇이 잘못된 걸까? 이것이 이 책의 고민이자 이 책을 쓴 배경이다. 이러한 고민에 대한 답은 '사람의 마음이 작동하는 원리'에 부합하는 공부를 해야 한다는 것이다. 또 '사람의 마음이 작동하는 원리'에 부합하는 자기계발을 하자는 것이다. 교육정책이 어떻게 바뀌든 누가 뭐라든 주변에서 어떤 소문이 들리든 흔들리지 않고 안정적으로 내 갈 길을 갈 수 있는 방법은 '내 마음과 행동이 움직이는 원리'에 부합하는 방법을 알고 그것을 써먹는 것이다.

우리 마음이 작동하는 원리는 생각보다 복잡하지 않다. 강점을 찾기 위해 설문 조사 하지 않아도 된다. 내 흥미가 무엇인지 알아보기 위해 흥미도를 검사할 필요 없다. 웹툰을 보는 데 문제없고 유튜브 영상을 보고 웃는 데 문제가 없다면 지능검사도 필요 없다. 아직 명확하게 형성되지도 않은 장래희망을 쥐어 짜낼 필요도 없다. 그저 뭔가 기억을 잘하면 된다. 경험한 것을 기억이라는 형태로 저장하고, 체계적으로 저장만 잘해 두면 된다. 그리고 필요할 때 잘 끄집어내서 써먹기만 하면 된다. 모든 문제의 시작은 '기억(memory)'이라는 한마디로 표현할 수 있는 모든 학습의 근본 원리를 무시한 것에서 탄생했다고 해도 과언이 아니다. 기억 형성이라는 기본으로 돌아가야 한다.

우리 마음이 작동하는 원리, 특히 기억의 형성 원리와 작동 원리는 일관성과 보편성이 있다. 3차 산업시대이건 4차 산업시대이건 상관없다. 창의성이 요구된다고? 그러니까 변해야 한다고? 그렇게 위기감 조성하지 않아도 기억의 작동 원리만 지키면 창의성을 발휘할 수 있다. 오히려 이런 기억의 작동 원리를 무시하고 창의성을 위한 창의성 이야기를 하니 창의성이 없어지는 것이다.

창의성은 하늘에 뚝 떨어지거나 스티브 잡스, 빌 게이츠, 마크 저커버그 같은 특별한 사람들에게 주어진 특별한 영감 따위가 아니다. 수많은 시행착오를 겪은 스티브 잡스의 기억에서 나온 산물이고, 책벌레 빌 게이츠의 기억에서 나온 산물이며, 또 다른 책벌레 마크 저커버그의 기억에서 나온 산물이다. 창의성은 기억 간의 융합이자 기억 간의 재배열이자 재조합이다.

농구 선수가 화려한 드리블을 하거나 밀집 수비가 있음에도 3점 슛을 성공시키는 것은 드리블에 대한 기억과 3점 슛에 대한 기억이 만들어 낸 일이지 기적이 아니다. 야구의 투수가 스트라이크 존에 아슬아슬하게 걸치는 변화구를 자유자재로 구사하여 타자를 삼진 아웃시키는 것은 연습 과정에서 형성한 기억이 만들어 낸 일이지 야구를 위해 태어났기 때문이 아니다. 타자들이 도루가 가능하겠다고 판단하는 것은 그의 기억이 지금이 도루에 적합한 타이밍임을 말해 주기 때문이지 태어날 때부터 도루하는 세포가 있었기 때문이 아니다.

아인슈타인이 상대성 이론을 소개할 수 있었던 것도 그가 꾸준히 쌓아온 기억들이 새로운 방식으로 통합된 결과이지, 무에서 유가 창조된 것이 아니다. 스페인 빌바오의 구겐하임 미술관, 미국 뉴욕의 구겐하임 미술관을 디자인한 건축 디자이너들은 천재가 아니다. 이 세상에 존재하는 다양한 디자인에 대한 기억을 새로운 방식으로 조합해 낸 결과이다.

그렇다. 창의성이라는 이름으로 불리고 있지만, 본질에 작용하는 것은 기억 간의 융합이다. 우리의 현실은 어떤가? 청소년에게 과연 기억이 창의성의 본질이라고, 시대의 변화와 관계없이 예나 지금이나 인간에게 중요한 것은 기억이라고 제대로 말해 주고 있는가? 오히려 기억이라는 본질을 쏙 빼고 창의성이라는 겉모습에 현혹되어 있진 않은가? 그래서 호르몬의 변화와 신체 변화만으로도 이미 충분히 힘들 청소년을 더 힘들게 만들고 있지 않은가? 더 혼란스럽게 만들고 있지 않은가?

토론 수업 너무 좋다. 그런데 토론이 의미 있고 가치 있으려면 어떤 사람들이 토론을 해야 하는가? 토론 주제에 대한 기억이 충분히 형성된 사람들끼리 토론을 해야 의미 있는 논의와 건설적인 논의가 이루어지고, 듣는 사람에게도 유익하다. 문제기반수업 너무 좋다. 그런데 어떤 학생들이 문제에 대한 적절한 추론 능력, 검색 능력, 적용 능력, 통찰력을 발휘할 수 있는가? 그 문제를 보는 순간 그것과 관련 있다고 여겨지는 사항들에 대한 기억이 충분히 활성화될 수 있는 사람들이다. 토론이든 문제기반 학습이든 학생들의 기억이 충분히 갖춰져 있다고 섣불리 가정하지 말자.

기억에 기초하지 않은 토론식 수업, 기억에 기초하지 않은 문제기반학습은 사실 멋있게 보이지만 속 빈 강정이다. 공부를 잘 시키고 있다고 생각되지만, 사실 공부하는 척 하고 있는 것이지 진정으로 그들의 지식이 된 것은 아니다. 기억이 어느 정도 형성된 후에 토론도 하고, 문제기반학습도 해야 의미 있고, 가치 있는 논의도 나오고 그다음에 무엇을 공부해야 할지도 알게 되며 창의성도 나오지 그 반대가 아니라는 말이다. 창의적인 사람이 되라고 강요하면서 정작 창의성이 나오는 본질은 외면하고 있는 현실에 속지 말자. 시대를 빙자하여 마치 그렇게 해야만 하는 것처럼 강요하는 방법론이 더 이상 우리를 혼란하게 하지 말았으면 좋겠다.

융합형 교과서 개발 너무 좋다. 그런데 생각해 보자. 교과서를 융합하면 정말 융합형 인재가 나오는 것인가? 교과서를 융합하여 융합 교과서로 배우면 없던 창의성이 갑자기 솟아날까? 아마 아닐 것이다. 지동설을 수학적으로 정립하여 당시 가톨릭교회로부터 핍박을 받았던 갈릴레이를 떠올려 보자. 이 사람의 또 다른 업적 중 하나는 지금과 비교하면 말도 안 되게 해상도가 낮은 망원경으로 달을 관찰하면서 달에 산이 있다는 것을 증명해 낸 것이다. 어떻게 그럴 수 있었을까? 바로 갈릴레이가 취미로 유화를 그리면서 미술에서 높낮이를 표현하는 기법에 대한 기억을 형성하고 있었기 때문이다. 소위 말하는 그라데이션이 높낮이를 표현하는 기법임을 기억하고 있었는데, 마침 달을 관찰하다 보니 그라데이션이 보인 것이다. 즉, 내 눈에 보이는 현상과 미술에 대한 기억이 갈릴레이의 머리에서 융합된 결과 달에 산이 있음을 알게 된 것이다.

다시 살펴보자. 당시에 미술과 천문학을 융합한 융합형 교과서가 있었는가? 아니다. 그저 갈릴레이의 머리에서, 그의 기억에서 융합이 일어난 것이다. 진정한 창의융합형 인재는 다양한 지식을 머릿속에 기억한 사람들이 그 기억을 머릿속에서 융합할 때 만들어지지 교과서를 통합하고 학과를 통합하는 등의 겉모습을 융합한다고 만들어지는 것이 아니다.

이제 뿌연 안개를 걷어 내고 인간의 기본이자 마음의 기본으로 돌아가자. 그곳에는 기억이 있다. 호모 사피엔스는 생각하는 인간이다. 근데 뭘 기초로 생각을 했을까? 기억에 기초해 생각했다. 기억이 없다면, 생각도 없다. 기억이라는 원료에서 생각이 나온다. 그리고 이 생각이 바로 상상력, 창의력이다. 청소년에게 기억이 얼마나 중요한지 알려 줘야 한다. 발표를 시키기 전에 기억하는 법을 알려 줘야 한다. 토론을 시키기 전에 기억하는 법을 알려 줘야 한다. 문제를 알아서 해결하라고 하지 말고, 기억하는 법을 알려 줘야 한다.

이 책은 천재들을 위한 것이 아니다. 천재가 정말 있는지 모르겠지만, 있다면 이 책은 필요 없다. 이 책은 뭔가 기억해야 하는 보편적 인간, 뭔가 학습하고, 외우고, 복습하고, 필기하고, 정리하고, 고뇌하는 과정에서 형성된 기억을 써먹어야 하는 보편적 인간, 평범한 청소년, 평범한 대학생, 그리고 이런 학생들을 자녀로 둔 평범한 학부모님, 학생들의 진학과 진로에 관심을 가지고 계신 평범한 선생님들을 위한 것이다. 필자가 진짜 도와드리고 싶은 분들이 바로 이런 분들이다.

　이 책은 교육 방법을 바꾸면 호기심이 증가하고 알아서 공부하게 될 거라고 생각하는 분들을 위한 것이 아니다. 토론을 하면 알아서 공부하게 되고, 과제기반학습을 하면 알아서 공부하게 된다는 것을 믿는 분이라면, 이 책이 전혀 도움이 되지 않을 것이다. 이 책은 이게 아닌 것 같은데 하신 분들. 토론하기 전에 뭔가 기억을 좀 시켜야 할 텐데, 과제를 내주기 전에 뭔가 기억을 좀 시켜야 할 텐데 하고 생각하는 분들을 위한 것이고, 이런 분들에게 도움이 될 것이다.

　또 이 책은 평소 기억이 먼저라고 생각했지만, 4차 산업시대라는 거대한 이름과 이 시대가 강요하고 있는 창의성이라는 이름 앞에 '기억'이라는 이름을 꺼내는 것을 금기해 오신 분들에게 용기를 드리기 위한 것이다. 이 분들과 함께 과학적 연구 결과를 확인함으로써 예나 지금이나 시대의 변화와 관계없이 인간이 지켜야 하는 능력은 바로 기억임을 확인할 것이다.

　그래서 이 책의 제목이 '메모리 크래프트'다. 이 제목을 정하기까지 고민이 많았다. 처음에는 창의성을 요구하면서 창의성이 나오는 인지심리학적 원리를 무시하고 있는 현실을 고민하면서 필자의 박사학위 전공이기도 한 인지심리학을 동사로 활용하여 '인지심리하다'라는 제목도 생각했는데, 왠지 너무 학문적이고 와 닿지 않는 느낌이 들었다. 그러던 중 조직심리학 분야에서 '잡 크래프팅'이라는 용어를 사용한다는 것을 알게 되었는데, 바로 이거다 싶었다. 직업을 공예 디자인에 비유한 것인데, 동일한 근무시간, 동일한 직무, 동일한 직장상사와

동료라는 재료를 사용하더라도 마음속에서 그 재료를 어떻게 디자인했는지에 따라 최종 결과물이 전혀 달라진다. 어떤 사람에게는 그 완성품이 돈벌이(job)에 불과할 수 있다. 밥은 먹고 살아야 하니 억지로 죽지 못해 일한다는 개념이다. 다른 사람에게는 직업이라는 이름의 완성품이 더 높은 곳에 올라가기 위한 경력(career)일 수도 있다. 그런데 또 다른 사람은 똑같은 재료를 사용하지만 인생의 목적 혹은 소명(calling)이 된다.

나라는 존재도 마찬가지다. 기억이라는 재료를 어떻게 크래프팅 하는지에 따라 먹고사는 것에 급급한 사람이 될 수도 있고, 깨닫고 보니 아직 갈 길이 먼 사람이 될 수도 있고, 깨닫고 보니 인생의 목표들을 잘 다루고 있는 사람이 될 수도 있다. 기억은 인간이 가진 최고의 자본(capital)이다. 돈이라는 자본은 있다가도 없고 없다가도 있을 수 있지만, 기억은 그렇지 않다. 기억은 누가 빼앗아갈 수 없는 당신만의 자본이다. 특별한 존재가 되라는 어른들의 강요로 특별한 존재가 되는 것이 아니라, 당신만의 방법으로 당신이 좋아하고, 잘하고, 소속감을 느끼는 분야에서 기억을 형성해 왔다면, 그 자체로 당신은 특별하고 유일무이한 사람이다.

기억을 담고, 기억을 융합하고, 새로운 기억을 만들어 보자. 기억을 지배해 보자. 그 누구도 길들일 수 없고, 오직 나만이, 나만의 방법으로 길들일 수 있는 기억을 제대로 한 번 다루어 보자.

기억을 잘 다루는 메모리 크래프터, 기억 장인이 되자. 우리 모두 기억의 장인이 될 수 있다. 그동안 알려 주는 사람이 없었기에 특별한 사람만 할 수 있다고 누군가 당신을 속였을 뿐이다. 이제 당신의 본성을 다시 깨울 때가 되었다. 메모리 크래프트! 이제 시작해 보자.

이 책이 나오기까지 언제나 행복한 기억을 크래프팅 해 준 사랑하는 아내 김남희와 아들 이준, 딸 이준영에게 이 책을 전하며 특별히 고맙다고 말하고 싶다.

메모리
크래프트

MEMORY CRAFT

1장 너 자신을 알라! 그래서 아니?

왜 나는 나를
모를까?

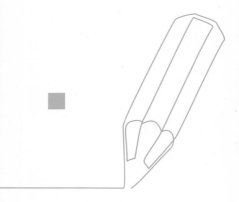

이 세상에는 '나를 제대로 알아야 한다.'는 명언
들이 다수 존재한다. 이 격언을 들었을 때는
'어떻게 나를 모를 수 있지?'라는 생각과 함께 '나는 나를 아주
잘 알고 있다.'는 우월함에 빠져 한참을 건방지게 살았다. 하
지만 철이 들고 나를 아는 것이 이렇게 어려운 것인지 눈물을
흘리며 깨달았다.

'나를 알아라.'는 말은 '나의 정체성을 파악하라, 나의 오리
지널이 있어야 한다' 등의 다양한 말로 표현되지만, 요지는 고
대 그리스의 델포이 신전 벽에 새겨져 있었다는 '네 자신을 알
라!(Know thyself!)'는 외침으로 요약된다.

중국 춘추전국시대의 병법가 손무(孫武, 기원전 545년경~기
원전 470년경)가 기술한 고전으로, 현재 전 세계에서 세 손가락
안에 드는 명문 MBA 과정인 유펜(University of Pennsylvania)
MBA에서 한 학기 교과서로 쓰이고 있으며[1], 경영인들의 필독
서이자 자기계발 분야의 필독서로 자리매김한 『손자병법』 모
공 편에도 같은 말이 등장한다.

지 피 지 기 백 전 불 태 부 지 피 이 지 기 일 승 일 부 부 지 피 부 지 기 매 전 필 태
知彼知己, 百戰不殆, 不知彼而知己, 一勝一負, 不知彼不知己, 每戰必殆

"적을 알고 나를 알면 백 번 싸워도 위태로움이 없으며,

적을 알지 못하고 나를 알면 한 번 이기고 한 번 지며,

적을 모르고 나를 모르면 싸움마다 반드시 위태롭다."

손자병법 제3편 모공(孫子兵法 第三篇 謀攻)

사실 이 말은 현대 심리학을 관통하는 말이기도 하다. 결국 심리학은 '나'라는 인간을 제대로 알아가기 위해 과학적인 연구를 수행한 후 체계적으로 정리해 가는 학문이기 때문이다. 어떻게 2,500년 전 사람이 이런 지혜를 얻을 수 있었는지 놀랍다. 그럼 '나'는 과연 어떻게 알 수 있을까? 너무 어려운가? 그럼 질문을 좀 고쳐 보자. 『손자병법』에서 말하고 있는 '나를 안다'는 것은 과연 무슨 뜻일까?

지피지기의 의미

손무가 모공 편에서 말하고 싶었던 핵심은 '내가 무엇을 알고 있으며, 무엇을 모르고 있는지' 확실히 알아야 한다는 것이다. 그러면 언제든지 위태롭지 않고, 최소 무승부는 이룰 수

있다는 것이다. 그런데 '나를 모르면 필패'다. 앞에서 인용한 모공 편의 마지막 문장에서 '적을 모르는 것'은 사실 있으나 없으나 한 말이다. 중요한 것은 '나를 모르면'이라는 말이 여기서 딱 한 번 나오는데 바로 '패배'와 연결되었다는 점이다.

그럼 이제 '나를 모른다는 것이 무엇인가?'라는 질문을 해 보자. 정답은 이렇다. '내가 뭘 알고, 뭘 모르고 있는지'조차 모른다는 말이다. 반대로 나를 안다는 것은 '내가 아는 것과 모르는 것을 분명히 아는 것'이고, 나를 모르는 것은 '내가 뭘 아는지, 심지어 뭘 모르는지조차 모르는 것'이다.

바로 여기에 '나에 대한 앎', '나의 정체성에 대한 앎', 더 쉽게는 '내가 누군지에 대한 앎'의 핵심이 있다. '나'라는 존재는 곧 내가 가진 지식이 무엇인지 그리고 내가 가지지 못한 지식이 무엇인지로 드러난다.

이 공식을 대입해 보자. 지금 '나'라는 존재에 대한 지식이 있는가? 즉, 내가 뭘 알고 있는지, 뭘 모르고 있는지 아는가? 그렇다면 여러분은 정체성(identity)이 확립된 사람이다.

그러나 이 두 가지 질문 중 한 가지만 대답할 수 있거나, 둘 다 대답할 수 없다면, 아직 정체성이 확립되어 있다고 할 수 없다. 정체성이 없다는 것은 말 그대로 '내'가 없다, '나'라는 존재가 없다는 뜻이다. 이 말을 너무 심각하게 받을 필요는 없다. 존재가 없다는 뜻이 아니라 세상에 기여하지 못하고, 이 세상에서 별 쓸모가 없다는 뜻으로 해석하면 마음이 좀 편하지 않을까.

'나'를 모르는 사람은 아직 내 존재의 이유를 발견하지 못한 것이고, 이 세상에서 내 역할을 발견하지 못한 사람이다. 그래서 수많은 석학이 델포이 신전 벽에 써 놓은 것처럼 '확고한 자기 정체성'을 강조하며, 귀에 못이 박히도록 여기저기에서 떠들어 대는 것이다. 필자도 선배들을 따라가려고 한다. 지겹겠지만 따옴표까지 붙여서 강조할 거다.

"내 자신이 뭘 알고 모르고 있는지에 대한 지식, 다시 말해 내가 가지고 있는 지식, 이것이 곧 나 자신이다. 그리고 이것이 인생에서 가장 중요한 앎이다."

정체성의 핵심

이런 맥락에서 사회심리학자 에릭슨(Erik Homburger Erikson)이 '정체성'을 인간이 죽기 전까지 반드시 달성해야 할 과업의 첫 번째로 꼽은 것은 놀랍지 않다.[2] 특히 에릭슨은 정체성을 10대에 반드시 달성해야 하는 과업으로 보았다. 풀어 말하자면, 10대에 나의 정체를 파악해야 하는데, 여기에는 내가 뭘 잘하는지(vs. 못하는지), 뭘 좋아하는지(vs. 싫어하는지), 내 소속된 사회적 공동체는 어디인지(vs. 내 밖은 어디인지)를 파악해야 한다.

그냥 살면 되지 이게 왜 중요할까? 끌려 다니는 인생에게는

아마 필요 없을 수 있다. 하지만 내 삶의 방향키를 직접 잡고
싶다면 주의 깊게 들어볼 필요가 있다. 정체성은 어떤 과업을
할 것인지와 하지 않을지에 대한 판단과 의사결정(judgment
and decision making) 그리고 강력하게 밀어붙이거나 강력하게
거부하려는 '동기부여(motivation)'에 매우 중요하다.

정체성이 확고하게 자리 잡힌 사람은 판단과 의사결정에 거
침이 없다. 시간 낭비하지 않는다. 실패도 두려워하지 않는다.
그리고 마침내 그것을 이루어 낸다. 그러나 정체성이 결여된
사람은 아무것도 하지 않거나 미디어가 제시해 주는 것들에
휘둘리다가 세상의 욕망에 빠져 허우적거리는 사람이 되어 버
린다.

심리학에서는 자기결정이론(self-determination theory)이라
는 말로 이런 상황을 설명한다.[3] 자기결정이론은 어떤 목표
를 수행하는 데 요구되는 내적인 동기부여가 어디에 기인하
는지를 다루고 있는데, 여기에는 자율성(autonomy), 유능성
(competency), 관계성(relatedness)이라는 세 가지 핵심이 존재
한다. 이 세 가지는 모두 앞서 언급한 정체성에 관한 것들이다.

자율성은 하고 싶고 좋아하는 것은 하고, 싫은 것은 하지 않
는 것을 말한다. 유능성이란 내가 잘하는 것은 하고, 못하는 것
은 안 하는 것이다. 관계성은 나를 공동체의 일원으로 받아들
여 주는 곳에는 있고, 그렇지 않은 곳에서는 있지 않은 것이다.

생각해 보자. 뭘 좋아하고 뭘 잘하고 어디서 할지도 모르는
데 의욕이나 생길까. '시키면 할게. 하지만 잘될지는 모르겠

어. 책임은 니 몫이야.'라고 마음속에서 간단히 상황을 종료시켜 버릴 것이다. 공부도 내가 하는 것이고, 직장 생활도 내가 하는 것이다. 내가 좋아서 하고 내가 잘해서 하며 이로 나의 공동체가 성장하는 것을 알아도 성취가 힘든 세상인데 말이다.

에릭슨에 따르면 정체성이라는 첫 번째 레벨을 클리어 하지 못하면 다음 단계로 넘어가지 못한다. 게임에서처럼 캐릭터가 레벨업 되어야 다음 판을 깰 수 있는데 경험치를 쌓지 못한 캐릭터는 다음 판에서 소리 없이 죽을 뿐이다. 정체성의 다음 단계는 친밀감과 직업적 안정이다. 정체성이 충족되지 않고 정체성에 대한 경험치가 차지 않으면, 친밀감(intimacy)과 직업적 정체성(occupational identity) 단계로 나아가지 못한다.

간단하다. 나에 대한 이해가 없는데 다른 사람과 잘 지낼 수 없다. 잘하는 게 뭔지 모르고 뭘 좋아하는지도 모르는데 같이 만나 맛있는 식당을 가고 영화를 보고 관심 있는 분야에 대해 대화할 수 있을까. 거기에 소속조차 없다면 상대방은 의심과 불편함을 가지고 나를 대할 수밖에 없다. 연애도 마찬가지다. 정체성이 확고하지 않은 연애는 깨지기 마련이다. 그래서 첫사랑은 늘 이루어지지 않는 거다. (이렇게 주장해 보고 싶습니다.)

기업에서도 마찬가지다. 기업은 정체성이 확고하지 않은 사람에게 일을 맡기지 않는다. 좋아하는 것을 몰라 업무 배정이 불가능하고, 잘하는 것이 없이 주요 업무를 맡길 수가 없다. 알바로는 뽑을 수 있지만, 직원으로는 절대 채용하지 않는다. 직원이라 함은 그 일을 정체성으로 받아들일 수 있는 사람이어야 한다.

정체성이 늦게 형성된 사람이 그래서 불리하다. 나이가 경쟁력이라고 하는 것도 이런 맥락에서 나왔으리라. 다른 사람보다 한 살이라도 젊은 나이에 취업의 문을 두드릴 수 있다는 것 자체가 이미 내 정체성, 즉 나의 철학이 확고하다는 뜻이고, 회사가 그런 사람을 선호한다는 뜻이다. 쉽게 말해 회사는 철(哲)들어야 들어갈 수 있다. 그리고 철든다는 것은 결국 내 정체성이 확고하다는 뜻이다. 이렇게 정체성이 확고한 사람만이 공동체 구성원들과 친밀감도 형성하고 직업적 정체성도 가질 수 있다. (가끔 철없는 직장인도 보이기도 합니다.)

에릭슨이 언급한 정체성의 다음 단계, 즉 친밀감 단계가 꼭 가족, 친구, 이성 등의 공동체 구성원과의 친밀한 관계만 의미하는 것은 아니다. 세상이 돌아가는 방식에 대한 친밀감도 포함한다. 에릭슨은 정체성이 확립된 사람만이 세상 돌아가는 방식에 관심을 갖고 시대를 관통하는 지혜를 이해하려고 한다고 말하는 것이다. 그런 노력 덕분에 기본 교양을 형성할 수 있다고 보았다. 아마 이런 교양은 SNS에서도 쉽게 파악할 수 있다. 이미 세상 돌아가는 법을 어느 정도 알고 있다면 어떻게 행동하고 말하고 대처할 줄 안다. 이상한 사진과 정보로 자신을 표현하지 않는다. 교양이 갖춰진 것이다. 이런 의미에서 보면 철든다 혹은 정체성을 형성한다는 것은 이 세상 돌아가는 이치와 기본 교양을 갖추는 것이다.[4]

나는 누구인가

이제 한 걸음 더 나아가 보자. 나에 대한 지식은 어떻게 형성되는가? 나에 대한 지식은 과연 뭔가? 이 질문은 사실 이 책을 있게 한 질문이기도 하다. 답부터 제시하자면, '내가 가진 기억이 곧 내 지식'이다. 그렇다. 우리가 지식(knowledge)라고 하니까 뭔가 철학적이고, 박사들에게 붙일 수 있는 말처럼 거창해 보이는데, 그렇지 않다. 지식의 실체는 그냥 내가 가진 기억이다. '내 기억이 곧 나'이고 내가 뭘 기억하고 있는지가 곧 나이다.' 수많은 미사여구로 이것을 바꾸려고 해 봐야 소용없다. 본질은 항상 단순한 법이니 말이다.

나 = 내 기억(memory)

기억은 중요하다. 뭔가 성취한 기억이 있다면 그게 자신이다. 그리고 성취 기억은 잘하는 것들의 목록에 이름을 올렸을 것이다. 실패를 했다면 이건 잘 못하는 것들로 분류될 것이다. 시간 가는 줄 모르고 몰입했던 일들, 재미있는 책을 우연히 만나 몇 장 남지 않는 페이지를 아껴가며 읽었던 경험, 죽도록 축구장을 달렸건만 겨우 10분이 지난 상황, 힘든 알바라고 예상하고 갔는데 운이 좋아 가장 편한 일을 배정받았던 날의 기분까지. 그렇다. 이런 것들이 모두 나다. 다시 말하지만, 이러한 내 기억이 곧 내 정체성이다.

기억이라는 것은 영어 단어 외우고, 수학 공식 외우는 것만이 아니다. 실제 심리학에서는 기억을 세 가지 종류로 구분하고 있다. 첫째, 일화 기억(episodic memory)이다.[5] 일화 기억이란 매 순간순간의 경험에 대한 기억이다. 그 경험이 좋았는지 나빴는지, 무서웠는지 흥분되었는지, 스릴 있었는지, 슬펐는지, 기뻤는지, 보람 있었는지, 화가 났는지 등의 감정이 개입될 수도 있고, 그 일화에 등장인물이 누구인지, 사건이 일어난 시간은 언제이며, 장소는 어디였는지, 그 당시 날씨는 어땠는지 등의 사실 관계가 개입될 수도 있다.

정체성은 이런 일화들이 축적되면서 형성된다. 산에도 가고, 바다에도 가고, 외국도 가고, 학교도 가고, 학원도 가고, 친구도 만나고, 싸우기도 하고, 화도 낸 일화 기억들의 축적이 바로 당신이다. 누군가는 미국의 9·11 테러와 같은 엄청난 충격을 주는 사건을 일화로 경험했을 것이다. 아픈 일화이기에 기억을 부정하는 것은 오히려 정체성의 혼란만 가져올 뿐이다. 실제로 이런 충격적인 사건을 현실로 받아들이지 못하는 사람보다 정체성으로 받아들인 사람이 더 건강한 삶을 영위할 수 있고, 충격적 사건에서 삶의 의미를 깨닫게 되는데, 이를 외상후 성장(post-traumatic growth)이라고 부른다. 외상후 성장은 충격적 사건조차 자신의 일부로 수용할 때 나타난다.[6]

또 다른 기억은 의미 기억(semantic memory)이다.[7] 의미 기억이란 세상에 존재하는 것들에 대한 개념을 언어적으로 저장해 둔 것이다. 의미 기억의 대표적인 것은 범주(category)이다. 그리고 범주를 어떤 식으로 활용하는지가 곧 당신의 정체성이다. 당신은 어디까지를 진보적 정당이라고 생각하는가? 어디까지를 보수적 정당이라고 생각하는가? 당신은 어디까지를 진보적 신문이라고 생각하고, 어디까지를 보수적 신문이라고 생각하는가? 당신의 '친구'라는 범주에 들어오는 사람은 누구이고, 아닌 사람은 누구인가? 당신은 '손잡고, 키스하고, 성관계'할 수 있는 범주에 들어오는 사람은 누구이고, 아닌 사람은 누군가? 당신의 물건은 어디서 어디까지인가? 당신은 어떤 사건은 화를 내야 하는 사건으로 분류하고, 어떤 사건은 참아야 하는 사건으로 분류하는가? 당신은 어디까지를 먹을 것으로 분류하고, 어디까지를 먹을 수 없는 것으로 분류하는가? 나를 반드시 교수님이라고 불러야 하는 사람의 범위는 어디까지고, 내 이름을 막 부르고 심지어 내 별명을 막 부를 수 있는 사람은 어디까지인가? 이제 느낌이 좀 오는가? 이런 범주에 대한 기억, 당신이 사용한 범주에 대한 기억이 곧 당신이다.

마지막 기억은 암묵 기억(implicit memory)이다.[8] 암묵 기억은 보통 '몸이 기억하는 것'으로 표현되곤 하는데, 대표적인 것은 자전거 타는 법과 같은 절차적 기억(procedural memory)이다. 당신은 자전거 타는 법을 어렸을 때 배웠고, 지금도 기억하고 있다. 사실 한 10년 안 타다가 오랜만에 도전해도 탈 수 있다. 스키, 자동차 운전도 마찬가지다. 몸이 기억하고 있기에 언제든지 탈 수 있다. 컴퓨터 자판을 치는 것도 마찬가지다.

한 번 익히는 데 약간 시간이 걸리지만, 한 번 익숙해지면 키보드를 보지 않고 화면만 보면서 자판을 두드리고, 의미 있는 문장도 만들고, PPT도 만들고, 엑셀로 데이터 분석도 할 수 있다. 그런데 암묵 기억은 언어로 표현하는 데 한계가 있다. 김연아 선수의 트리플 악셀을 글로 설명하면 이렇다. '힘을 줘서 도약한 후 엄청난 스피드로 공중에서 회전을 한 후 안전하게 착지를 한다.' 그런데 이 글을 보고 누구도 김연아처럼 점프를 할 수 없다. 끊임없이 연습하고 또 연습해서 몸이 기억하게 하는 지식이지 언어적으로 외우는 지식이 아니다. 그렇지만 이것도 엄연히 지식이며, 나의 정체성을 이룰 수 있는 기억이다. 그래서 요리 명장들이 자신의 특급 레시피를 노출해도 문제가 없다고 판단하는 것이다. 비법을 밝혀도 문제없다. '그냥 잘' 하는 기술이 이미 몸 안에 내장되어 있기 때문이다.

그래서 공부 잘하는 사람에게 공부의 비법을 전수받기 어려운 것이다. 학창 시절 천재로 불렸고 현재 미국에서 변호사로 성공한 지인이 자신의 대학 시절 과외 알바를 회상하며 이런 말을 한 적이 있다.

"중학생이 모르는 부분을 질문하는데 내가 못 알아 듣겠는 거야. 간신히 학생이 궁금한 부분을 알아들었지만 이걸 또 어떻게 설명해야 할지 모르겠더라고."

그래서 건축가, 미술 작가, 디자이너에게 어떻게 창의성을 발휘할 수 있는지 물어도 돌아오는 대답은 똑같다. 말로 하기 어렵기 때문이다. 이 모든 것이 훌륭한 지식이자, 내 정체성을 형성해 주는 기억이다.

일에 미치는 정체성의 중요도

대부분의 사람은 일화 기억이나 의미 기억을 활용해 사회 생활을 하고 절차적 기억을 취미로 사용한다. 물론 어떤 사람은 자기 정체성, 즉 내가 무엇을 기억하는지와 관계없이 돈은 벌 수 있다고 말할 수 있다. 물론 그럴 수 있다. 어떤 사람이 말을 할 때, 영혼을 담아서 말하라고 핀잔을 주는 것처럼 내 영혼을 담지 않아도 일은 할 수 있고, 돈도 벌 수 있다. 그리고 그렇게 하는 일을 돈벌이 혹은 밥벌이(job)라고 한다.[9]

생존형 업무라고 정의하자. 그래서 가슴에 사표를 품을 수 있고, 오래 지속하고 싶지 않다. 물론 자식에게도 물려주고 싶지 않다. 자신과 같은 불행을 겪는 또 다른 사람이 생길까 봐 두려워서 자신이 밥벌이하면서 습득한 기억을 부정하고, 그래서 그것을 배우려는 사람들에게 가르쳐 주지도 않는다. 그래서 그 일의 대가 끊긴다. 그게 생존형 업무다.

이것보다 좀 나은 수준의 직업의식이 있는데, 바로 경력(career)이다. 경력은 지금 하고 있는 일을 내가 궁극적으로 하고 싶은 정체성으로 나아가는 과정으로 생각하는 것이다. 꾸준히 목표를 바라보며 나아가는 것이다. 목표가 있기에 행복하고, 내 정체성으로 한 걸음 한 걸음 나아가는 것이 보이기에 현재 조금 어려운 것이 있어도 참고 견딜 수 있다. 아직 정체성과 완벽히 부합하지 않는 과정의 단계이기에 다른 과정을 선택할 수도 있다.

일을 통해 우리가 이르러야 할 궁극의 목표는 바로 소명(calling)이다. 내 기억에 부합하는 것, 내가 나에 대한 형성한 지식에 부합하는 직업, 내가 좋아하고 잘하고 나에게 소속감을 주었던 바로 그것. 그것이 내 직업이 되는 것이 최고다. 인생의 의미를 느끼고, 매일매일의 경험이 행복하다. 누가 시키지 않아도 소확행하게 되고, 때때로 대확행도 하면서 인생을 멋지고 화끈하게 성장시킨다.

보통 유명한 학자들은 성(姓)으로 불러 주는 것이 원칙이지만 에이미 르체인우스키(Amy Wrzesniewski)는 너무 어려워 에이미로 부르겠다. 에이미 박사는 이러한 직업의식의 세 가지 수준을 잡 크래프트(job craft)라고 불렀다.[10]

크래프트는 수공예다. 수공예의 특징은 장인의 기술력과 정성에 따라 천차만별의 완성도를 이끌어 낸다. 그리고 이것이 직업에 대한 의식 차이다. 직업에 정체성과 세상에 대한 친밀감이 한 땀 한 땀 수놓아져 있다면 이것은 소명이다. 그러나 직업에 정체성이 더해져 있지만, 아직 세상에 대한 완벽한 친밀감을 형성하지 못했고 내 실력을 증명하지 못했다면, 경력이다. 그러나 직업에 정체성도 없고, 친밀감도 없다면, 그건 그냥 밥벌이다. 수공예 장인이 때로로 실패하더라도 포기하지 않고 하던 일을 계속하는 것처럼 직업이 소명으로 크래프팅된

장인은 끊임없이 솟아나는 에너지로 목표를 추구해 나간다. 직업이 밥벌이로 크래프팅된 초짜는 뭔가 하긴 하는데, 의미도 없고, 가치도 없다. 수공예 장인은 실패하는 것이 우연이지만, 목표도 없고 동기도 없는 초짜는 잘하는 게 우연이다. 그래서 잡(직업)은 크래프트(수공예)다.

"내 기억이 바로 나!!"

어느 나이가 지나면 독서할수록 마음은 창의성으로부터 멀어진다. 너무
많이 읽고 자기 뇌를 적게 쓰면 생각이 게을러진다.

— 알버트 아인슈타인

메모리 크래프트

MEMORY CRAFT

2장 짜릿한 두뇌 만들기

지금의 나를 뛰어
넘는 뇌능력자의
발견

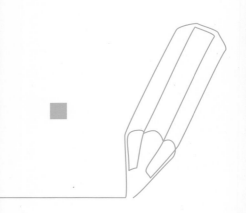

꿈을 강요한다. 미래 지향적인 꿈 찾기 때문에 가족 모임이 힘들다.

"직장은 구했어?"

"커서 뭐가 될 거야?"

"의대 가면 좋은데, 갈 수 있겠어?"

앞에서 말한 것처럼 의사나 직장에 대한 기억이 없는데 이런 꿈을 갖는 것은 만부당하다. 하지만 나를 잘 알고 있는 가족들은 여기에서 좌절하지 않고 더 큰 꿈을 그려 준다.

"의사 되면 좋은 아파트에 좋은 차 몰면서 폼 나게 살 수 있어. 가족 중에 의사가 있으면 좋잖아."

이런 큰 꿈이 부담스러운 것도 문제지만 이런 말을 아무렇지 않게 말하는 가족에게도 문제가 있다. 그들에게는 의사라는 직업에 대한 경험과 지식이 전무하다. 그냥 드라마에서 본 의사의 모습이 전부다. 하지만 가족은 자신의 경험 부족과 편협한 정보를 과신하며 미래형 직업 폭력을 자행하고 있다.

미래를 그리기 위해서는 기억이 필요하다. 경험이 축적되어야 한다. 의사라는 직업의 환상만 보고 자식을 학업에 밀어 넣었다간 가족 관계를 다 망칠 수 있다. 공부를 안 하는 자식을 원망하기보다는 그에 대한 기억과 경험, 학습이 없는 강요를 탓해야 한다. 기억이 없다는 것은 정체성이 없다는 것이다.

정체성이 없다는 것은 동기부여를 받기 힘들다는 의미다. 뭘 잘하고 뭘 못하는지 모른 채 의사라는 직업으로 달려가면 큰코다칠 수 있다. 잘 생각해 보면 의사라는 직업은 암기와 이해력이 좋아 시험만 잘 봐도 도달할 수 있는 직업이다. 하지만 소명 없는 의사가 얼마나 환자에게 위험한지는 상상만으로도 충분히 예상할 수 있다.

이건 비단 어른들의 문제만은 아니다. 청소년·청년들도 지식과 기억이 없다. 그렇기에 정체성의 혼란을 겪고 있다. 즉, 현 시대의 20대는 10대까지 반드시 달성해야 할 정체성의 과업을 달성하지 못한 상태에서 20대가 된다. 심지어 20대에도 정체성의 과업을 해결하지 못한다. 원인은 간단하다. 자신을 파악할 만한 기억이 없기 때문이다. 그래서 그냥 내가 뭘 좋아하고, 잘하고, 무엇에서 소속감을 느끼는지도 모른 채 20대를 맞이한다.

그렇다면 성인이건 청년이건 우리가 왜 이런 지경이 되었는지 한 번 생각해 보자. 나이에 맞는 기억을 형성할 기회를 스스로 박탈하거나, 환경이 마련되지 않았기 때문이다. 앞서 1장에서 설명한 일화 기억, 의미 기억, 암묵 기억을 제대로 형성할 기회를 상실해 가고 있는 현실에 문제가 있다.

스마트폰으로부터 자유

스마트폰은 자신의 정체성을 분명히 알고 직업적 안정을 이
룬 사람들에게는 업무 효율성을 극대화할 최고의 도구다. 그
러나 아직 기본적으로 채워야 하는 기억이 충분하지 않고, 자
신의 정체를 모르는 사람들에게 스마트폰은 그 사람의 정체성
을 평생 모르게 하는, 인생을 망치는 악마의 도구일 뿐이다.

현재 10대는 한 시간에 27개의 콘텐츠를 스마트폰을 통해
소비하고 있다.[1] 2분에 한 번 다른 영상을 보거나 다른 글을
본다는 뜻이다. 하루 평균 적게는 150회, 많게는 190회까지 스
마트폰을 확인한다. 아무 이유 없이 그냥 한 번 문자 온 것 없
는지 본다는 뜻이다. 이들이 하루에 소비하는 영상 정보의 양
은 34기가바이트인데, 영어 단어 10만 개에 해당하는 정보량
이다.[2]

이것의 의미는 분명하다. 정체성을 형성할 정도의 기억을
만들기 위해서는 한 가지를 끝까지 밀어 붙이는 주의집중력이
필요한데 그런 경험이 없다. 뭔가 기억이 되기 위해서는 반복
하고 또 반복하고 또 반복하고 그러다 잠들고, 눈뜨고 일어나
면 또 그 기술을 연마하기 위해 반복하고 또 반복하고 또 반복
할 수 있는 끈기를 가져야 하는데 현실적으로 매우 어렵다. 아
마 이런 고행(?)을 당연하다고 받아들이는 청소년이 몇 명이나
있을까. 이런 기억과 경험이 나를 만들고, 정체성으로 완성된

다는 개념이 생소할 것이다.

영상만 틀면 어려운 텍스트 대신 누구나 이해할 수 있는 쉬운 그림으로 표현해 주고, 만화와 시각 자료 등을 동원해 어떻게든 이해하게 만들어 주는 세상이다. 이런 세상에서 반복하고 연마하는 노오력(?)은 구시대의 유물일 뿐이다.

손편지를 쓴다는 것도 상상하기 어렵다. 뒤에 설명하겠지만 컴퓨터 자판을 치는 것보다 손으로 필기를 했을 때 더 많은 기억이 남는다. 편지를 썼다 지우고 어렵게 완성한 편지를 다시 정성껏 옮겨 적는 과정은 구석기에나 익숙한 이야기다. 단문도 이제 길게 느껴진다. 자음으로 의사를 전달하고 이것도 귀찮으면 이모티콘을 보내면 된다. 내 생각을 문장으로 정리해 소통할 필요가 없다. 대학 강단에 서 보니 대학생이지만 신문 사설을 이해하지 못하고, 통계청 자료를 스스로 분석하지 못하는 학생들을 간혹 본다. 리포트도 귀찮아서가 아니라 자신의 생각이 없어 베끼는 학생도 많다.

청소년·대학생들이 주의력 자체가 없다고 말하는 것은 아니다. 단지 그들은 엄청난 주의력을 낭비하고 있을 뿐이다. 카톡하기, 2분 이내로 영상을 보기, 영상 찾기 등을 하며 뇌가 가지고 있는 중요한 능력을 허비하고 있다.

주의력을 망치는 요인들

2분에 한 번꼴로 콘텐츠를 바꾸면서 영상을 보거나 만화를 보거나 문자를 보내면서 주의력을 사용하는 것은 우리 뇌를 지치게 만든다. 이 모든 것이 의사결정 과정이기 때문에 그렇다. 농구 선수가 꿈인 연습생이 자유투 연습을 하기로 의사결정하고, 3시간 동안 훈련을 했다. 이 선수는 주의력을 3시간 동안 썼으니 이제 다른 일을 못할까? 아니다. 그냥 한 번 의사결정하는 데 주의력을 한번 활용했을 뿐이다. 다른 학생이 유튜브를 2분간 본 후 다른 영상으로 뭐 볼까 10초간 고민하다가 새로운 영상으로 넘어갔다. 이 학생은 농구 선수와 똑같이 한 번의 인지적 힘을 사용했다. 그렇다면 3시간의 유튜브 시청과 3시간의 운동 중 어느 것이 더 주의력을 많이 잡아먹을지는 너무도 자명한 일이다.

인간의 인지 자원, 주의력 자원이라는 것이 참 특이해서 2분씩 짧게 일할 의사결정을 한 번 하는 것과 길게 일할 의사결정을 한 번 하는 것은 같은 1회분의 주의력을 의미한다. 그런데 그 효율은 완전 다르다. 1회분의 주의력으로 누군가는 3시간의 자유투 연습을 한 기억을 형성했다. 즉, 자유투 연습을 통해 자기 정체성에 도움되는 수많은 리스트를 만들어 낸 것이다. 그런데 누구는 2분간의 유튜브 시청을 위해 연속적으로 주의력을 이용했을 뿐이다. 그냥 주의력을 낭비한 것이다.

기억은 쉽지 않다

2분간의 유튜브 시청도 정체성 형성에 도움이 된다고 주장하고 싶은 분도 있을 것이다. 미안하지만, 아니다. 기억이 되려면 정보가 우리 뇌의 해마로 들어가서 해마가 발달해야 한다. 그런데 영상을 수동적으로 보기만 할 때는 해마가 정보를 처리하지 않는다. 영상은 시각 정보를 처리하는 후두엽의 선조체(V1 영역)가 정보를 처리한다.[3] 이는 기억 형성과 전혀 상관이 없는 영역이다. 영상만 보는 사람과 언어적 혹은 절차적 기억을 오랜 시간 집중하여 형성하는 사람 간에는 두뇌 발달도 전혀 다르다. 자유투를 3시간 연습하거나, 책을 3시간 읽거나, 그림을 3시간 그리거나, 컴퓨터 프로그래밍을 3시간 한 사람은 해마와 전두엽, 측두엽, 두정엽, 후두엽이 골고루 발달하지만, 영상만 바꿔 가면서 계속 본 사람은 여전히 후두엽만 발달한다. 미안하지만, 후두엽은 기억 담당 기관이 아니기에 여기에 잠깐 머물렀던 정보는 그냥 사라져 버린다.[4]

즉, 스마트폰만 보면서 짧은 의사결정과 짧은 주의전환을 계속하는 10대는 엄청 힘들고, 피곤하고, 뇌를 지치게 하지만, 정체성을 형성할 만한 지식은 아무것도 남지 않는다.[5] 그냥 뭔가를 봤다는 느낌만 기억에 남아 있을 뿐이고, 의미 기억, 암묵 기억을 형성할 만한 기회를 스스로 박탈한 것이다. 제대로 된 정체성을 형성할 기회를 놓치고 있다. 어쩌면 스마트폰

을 계속 놓지 못하는 것이 이 시대의 유일한 정체성이 아닌가
싶기도 하다.

　문자가 왔는지 계속 확인하고, 페이스북과 인스타그램을 습
관적으로 계속 열어 보고, 톡이 왔는지, 이메일이 왔는지 보
고, 뭔가 변화가 있으면 순식간에 답변을 한다. 그리고 또 다
른 영상을 찾아보면서 즐거워하고, 그 2분짜리 영상이 끝나자
마자 또 다른 영상으로 순식간에 넘어간다. 정말 신기하게도
이 짧은 의사결정과 짧은 과업 수행이 반복될 때마다 우리 뇌
는 뭔가 성취감을 느낀다. 보상회로에서 성취감을 느낄 때 분
비되는 도파민이 똑같이 분비된다. 그런데 그 도파민이 정말
길게 뭔가를 해서, 정말 어려운 뭔가를 이루어서 분비될 때만
큼 충분하진 않다. 쉽게 말해 사람을 감질나게 한다. 그래서
바로 또 다음의 짧은 과업으로 넘어간다. 조금만 더! 조금만
더! 하면서 계속 옮겨 다니다가 하루가 마감되는 것이다.

　이것은 도박이나 낚시에 중독되는 과정과 똑같다.[6] 도박장
에서는 보통 앞에 몇 번 정도 초보자에게 적은 금액의 달콤한
성공을 보상한다.[7] 도파민이 분비된 초보자는 '조금만 더!'를
외치면서 계속 당기고, 처음에 벌었던 돈을 다 까먹는다. 그러
다가 마이너스가 된 지 약간 지난 후에 또 약간의 금액이 당첨
된다. 도파민이 분비된 그 사람은 왠지 조금만 더하면 큰돈을
벌 수 있다고 느낀다. 그렇게 초보자는 도박 중독자가 된다.
낚시도 그렇다. 잡히지 않을 때쯤 고기가 잡히는데, 감질나게
잡힌다. 그러다가 또 포기할 때쯤 한 마리 잡힌다. 이게 사람

을 미치게 한다. 결국 낚시 때문에 가정을 내팽개치는 낚시 중
독자가 된다.

1954년 올즈와 밀너(Olds & Milner)라는 학자들이 쥐가 레버
를 누를 때마다 쥐의 보상회로에 전기 신호를 주어 활성화시
켰다. 이 보상회로는 인간으로 말하자면, 도박에서 돈을 땄을
때, 성적 절정에 도달했을 때, 스포츠 경기 결승에서 승리했을
때 활성화되는 영역이다. 어떤 일이 일어났을까? 쥐는 레버 누
르기를 너무 좋아하게 된 나머지 밥 먹고 잠자는 것도 잊고 죽
을 때까지 눌렀고, 결국 죽었다.[8] 왜 이 연구를 보면 중국과 국
내에서 식음을 전폐하고 게임만 하다가 돌아가신 분들이 생각
나는지 모르겠다.

게임의 시대

게임. 내게는 끊임없이 새로운 자극으로 나타나 짧게 짧게
끊어치는 보상으로 사람을 미치게 만드는 신비한 세계였다.
게임을 하면서 집중력이 좋아졌다는 사람도 있는데 이 몰입은
건축가, 예술가, 연구자, 작가들이 발휘하는 것과는 다르다.
그냥 새로운 자극과 짧은 보상 중독이다. 사실 영상을 계속 옮
겨 다니게 만드는 것, 트위터, 페이스북, 인스타에 뭐 새로운
것이 없나 계속 주목하게 만들고, 그 새로운 것에 반응함으로
써 짧은 과업에 대한 성취감을 느끼고, 그리고 우리 뇌는 바보

같이 도파민을 질질 흘리면서 마치 엄청난 일을 한 것처럼 느끼게 하는 과정의 반복일 뿐이다.[9]

이렇게 짧은 자극과 보상에 중독되어 주의력을 다 써 버린 사람들의 특성이 있다. 바로 증가한 공격성과 증가한 충동적 행동이다. 인내심이 없다. 분노를 조절하지 못한다. 그동안 청소년의 공격성 증가 원인을 게임이라고 이야기해 왔는데, 이는 본질을 전혀 잘못 파악했다는 것이 최근 연구에서 밝혀졌다.

공격성이 증가하는 것은 공격적인 게임이나 영화 때문이 아니다.[10] 본질은 스마트폰 사용이 증가함에 따라 짧은 자극과 짧은 보상에 중독되고, 이것을 하는 데 가진 주의력을 다 썼기에 참는 것에 쓸 주의력 자원이 없기 때문이다.[11]

짧은 시간 안에 뭘 볼지 결정하면서 얻는 만족과 쾌감에 중독되어 언어적인 지식을 정교화하거나 절차적 지식을 습득하며 뇌를 단련하지 못해 점점 뇌는 취약해진다. 이게 끝이 아니다. 거기에 하나 더. 게임을 하거나 동영상을 보면서 분노하기도 하고 싸우기도 하고 갈등까지 한다. 뇌는 학대당하는 중이다.

전쟁사를 보면 정치적, 경제적 이유로 싸움이 벌어지기도 하지만 리더의 순간적 판단과 분노로 전쟁이 벌어지기도 한다. 가끔 미디어나 SNS에서 자신을 표현하는 방식을 보면서 전쟁을 게임으로 착각하고 그냥 감정적으로 대응해 전쟁이 벌어지는 것은 아닐까 조심스럽게 걱정한 적도 있다.

뇌를 위한 공부법

스마트폰을 사용하게 되면서 과거와는 다른 방식으로 뇌가 발달하고 있는데, 작금의 교육은 현 세대의 뇌 발달 양상에 전혀 부합하지 않는 교육을 하고 있다. 현재 후두엽만 발달하고 있는 아이들에게 다양한 뇌를 발달시킬 기회를 주지 않고 있다. 필자는 대안으로 기억중심교육(memory-centered education)을 제안한다. 한국 교육자들이 좀 싫어하는 표현을 쓰면, 암기식 교육을 제안한다.

물론 과거와는 다른 제대로 된 암기식 교육을 의미한다. 특정한 사상이나 의도는 철저히 배제하고 학생들의 정체성을 형성하는 데 필요한 지식을 제대로 전달하고, 암기하고, 외우게 하는 시간이 필요하다. 나름 열심히 하는 것이 아니라, 진짜 열심히 하는 것이 뭔지 알려 주고, 진짜 열심히 해 볼 기회를 주고, 진짜 열심히 해 본 후 적성인 것과 아닌 것을 스스로 분별하면서 정체성을 형성할 수 있는 교육이 필요하다. (저는 교육감이 아닙니다. 다시 읽어 보니 오글거리기도 합니다. 하지만 뇌가 좋아하는 공부법을 설명하다 보니 이렇게 되었습니다. 조금만 더 참아 주세요.)

새로운 문맹이 탄생하고 있다. 행복을 추구하는 교육[12]의 방향은 옳지만 뇌를 방치하는 교육은 지양해야 한다. 과도한 경쟁, 선행학습, 사교육 등의 교육 현안만 집중하고 진짜 키워야 하는 성장의 바탕, 정체성은 하나도 못 키워 냈다.

단원 김홍도가 그려낸 〈서당〉이라는 풍속화에서 길을 찾아 보자. 그곳에는 스마트폰도 없다. 텍스트를 이해하고 암기하 며 기초 학력을 기른다. 〈서당〉을 보면 한 학생이 뒤돌아 앉아 어제 배운 것을 외우는 듯한데 눈물을 흘리고 있다. 이런 시험 을 배송(背誦)이라고 하는데, '뒤돌아 외운다'는 뜻이다. 주목 할 점은 주변 아이들의 표정이다. 나이가 제각각인 친구들이 죄다 웃고 있다. 한 친구는 손으로 입을 가려 훈장님 몰래 외 울 것을 알려 주고 있다. 훈장님의 표정도 화가 나기보다는 귀 엽다는 듯 학생을 바라보고 있다.

'암기식'이라는 단어가 주는 '폭력'적 이미지에만 주목하지 말고 그 과정이 왜 인간적이지 못했나에 생각이 닿아야 한다. 이런 서당같은 분위기라면 지금처럼 한 시간 공부하고 적성에 맞지 않는다는 소리가 나오지 않을 것이고, 경쟁이 너무 힘들 어 죽어 버리고 싶다는 말도 나오지 않을 것 같다.

효율적인 공부란 없다. 요령이라는 것도 정체성이 생겨난 이후에나 적용할 수 있다. 자신이 잘하는 것도 모르는데 수많 은 '공신'의 방법이 자신에게 적용될 리 없다. 공신의 공부법 도 목표를 설정한 후에야 효과를 발휘한다. 공부는 그냥 하는 것이다. (이 부분도 뒤에서 다시 설명하겠습니다.) 특히 10대라면 '노력이 보상해 주지 않는다.'는 것도 스스로 경험해야 한다. 타인의 경험을 상상만으로 내 것처럼 받아들이면 안 된다. 그 저 막 노력해 봐야 한다. 그게 얼마나 아프고 힘든지 알아야 한다. 그 경험이 쌓여야 내가 보인다.

연예인, 유튜브크리에이터, 웹툰 작가 등 요즘 뜨고 있는 직업에 관심을 갖는 청소년·청년이 많다. 결과에만 초점을 맞추지 말아야 한다. 진짜 열심히 하는 사람들은 영상 찍는 데 5시간, 편집에 5시간을 들이거나 그 이상 시간을 쓴다. 남는 시간은 소재 개발을 위해 공부한다.[13] 물론 이런 일을 하는 분들 중에는 정체성 없이 시작했고 좋은 결과를 만들고 있는 사람도 있다. 이런 사람을 비교한다면 더 이상 할 말은 없다.

머리에 뭔가 넣는 것이 노오력을 뜻하지 않는다. 하지만 뭐든지 머리에 넣어야 한다. 머리에 뭔가 넣는 것이 쉽지 않다는 것을 좀 길게 설명했다. 노오력처럼 보일 수 있다. 하지만 머리에 넣는 건 어렵다. 그래서 공부가 어려운 것이고 힘든 것이다.

인생을 긍정적으로 바라보는 것은 좋다. 하지만 인생이 계속 긍정적으로 펼쳐질 거라 예단은 하지 마라. 인생 힘들다. 성인군자일수록 인생의 즐거움도 있는 그대로 받아들이지만, 힘든 것도 인생이기에 웃으면서 받아들인다. 공부와 인생이 똑같다. 힘든 것을 피하지 말고 있는 그대로 받아들여야 뇌가 단련된다. 기억이 쌓이고 정체성이 생겨난다. 인생을 내 편한 대로 편집하니 쌓이는 게 없는 것이다.

나름 열심히 하는 것과 진짜 열심히 하는 것을 구분할 줄 알아야 한다. 시험 기간에만 잠깐 공부해 놓고 진짜 열심히 했는데, 성적이 안 나왔다고 한다. 이건 사실이 아니다. 힘들다는 것을 인정하자. 그래야 쌓인다. 뇌는 힘들고 자극적인 것을 좋아한다.

좀 강하게 예를 들어 보자. 작년에 호랑이랑 100미터 경주를 했을 때의 경험과 지난 달 혼자 동네 운동장에서 100미터를 뛰었을 때의 경험이 같을까. 조금 더 강하게 가 보자. 사랑하는 연인과의 결혼을 위해 미친 듯이 공부했던 한 남자가 취직 시험에 낙방했다. 그리고 부자 아버지를 둔 한 남자가 시험에 낙방했다. 그 두 명은 각각의 여자 친구에게 편지를 썼다. 누구의 편지가 더 절절할까.

공부가 어려운 것은 어떻게 보면 축복이다. 인생이 힘들다는 것을 알려 주기 때문이다. 물론 머리 좋게 태어난 친구들이 쉽게 그 길을 가는 모습을 보면 부럽기 그지없다. 하지만 그들도 공평한 인생의 어려움에 크게 단련되는 날이 분명 온다.

창의적 인재

머리 속에 뭔가를 넣어야 한다. 그래야 섞인다. 블랜더를 빈 속으로 돌리면 소리만 요란하다. 뭔가 갈기 위해서는 넣어야 한다. 소주건 맥주건 딸기건 뭐건 넣어야 섞이고 새로운 것이 나온다.

창의의 시대라고 해서 새로운 걸 배우면 새롭게 된다고 생각한다. 침팬지와 인간의 DNA 차이는 1.6%라고 한다. 크게 다를 게 없는데 창의적 인재가 되라는 이 소리를 침팬지가 들었다면 엄청 황당할 것이다.

상상해 보자. 당신은 영화감독이다. 그런데 당신이 아는 슈퍼허어로는 태권V뿐이다. 그렇다면 시나리오는 어떻게 만들어질까. 한반도를 배경으로 동양인(특히 한국인)이 주로 등장하며 태권도를 주로 사용하는 액션 영화가 될 것이며 약간의 애국심도 첨가될 것이다. 또 한 명의 감독이 있다. 그는 영국에서 셰익스피어를 전공했고 만화광인 아버지 덕에 마블과 DC 코믹스를 다 섭렵했다. 또한 여자친구는 나사(NASA)에서 일하는 핵물리학자로 화성 탐사 프로젝트에서 일하고 있다.

어떤 시나리오가 나올까. 확실한 건 엄청난 세계관과 스토리텔링이 기대된다는 것이다. 알아야 창의성이 발휘된다. 연애도 마찬가지다. 연애를 많이 해 본 사람들이 그래서 유리하다. 그 경험들은 모두 합쳐져 단 한 명을 위한 서비스(?)가 제공되기 때문이다.

창의성의 기본은 지식이다. 뭘 알아야 한다. 다시 조선시대 서당으로 돌아가 보자. 엉엉 울면서 외우고 자신을 한탄하며 상상해야 한다. 모든 콘텐츠가 행복함에서 생성되지 않는다. '빽빽이 노트'라고 엄혹한 시절 학교를 다녔던 독자들이라면 바로 고개를 끄덕이며 그 노트를 생각해 낼 것이다. 과거의 선생님들은 그렇게 공부의 흔적을 확인하는 걸 좋아했다. 그래서 오늘 공부한 분량을 다 적어서 내라고 했다. 아주 창의적인 학생들은 3~4개의 볼펜을 한 손에 쥐고 마구 낙서를 해 선생님께 인증을 받았다.

요즘 유행하는 '필사'를 필자도 가끔 하는데 그럴 때마다 빽빽이 노트가 생각난다. 책을 읽고 감명받은 부분에 밑줄을 긋고 한동안 조용히 낭독을 한 후 자신이 아끼는 노트에 받아 적고, 조용히 침묵하며 내재화 하는 과정을 진행하면 집중력도 높아지고 읽었던 책에 대한 기억도 더 오래 남는다. 학창 시절 이렇게 빽빽이 노트를 썼다면 얼마나 좋았을까.

'국영수' 이야기를 해 보자. 대학에서 중요하다고 한다. 그 중에서도 국어를 대학 입학의 으뜸으로 친다. 국영수 잘하면 대학 잘 갈 수 있다. 하지만 인생이 여기서 끝이 아니라는 것도 잘 알 것이다. 국수사과음미체 모두 가리지 않고 열심히 해 본 경험이 있어야 나를 찾을 텐데 이걸 알려 주는 사람이 없다. 그래서 나를 못 찾고 그냥 대학에 온다. 대학도 힘들긴 마찬가지다. 당연히 나를 찾고 왔을 줄 알고 가르치는데, 표정들이 영좋지 않다. 대학 랭킹이 중요한 게 아니다. 지금 어떤 마음으로 그 자리에 있는지, 나를 찾고 앉아 있는 건지가 훨씬 더 중요하다. 반복한다. 뭐든 다 열심히 해 본 후 잘하는 것, 좋아하는 것, 공동체에 기여할 수 있는 것을 찾아야 한다.

내 것이 없는 者

그리스 철학자 소크라테스(Sorates)는 문자 사용과 책 집필에 철저히 반대했다. 그래서 그는 책을 남기지 않았다. 소크라테스에 대한 기록은 스승에 대한 기록을 꼭 남기고 싶었지만 스승 앞에서 대놓고 하진 못하고 숨어서 조금씩 조금씩 소심하게 기록하던 제자 플라톤이 남긴 것이다. 소크라테스가 문자 사용과 책 집필에 반대했던 이유는 분명했다. 책에 써 있는 것은 내 지식이 아니라는 것이다. 내 정체성에 아무런 도움도 되지 않는다는 것이다. 책에 써 있는 것을 암기하고, 내 것을 소화하고, 다른 것들과 융합하여 나만의 것으로 만들어야 내 것이고 내 정체성이지 정답만 외치는 사람에게는 누구도 매력을 느낄 수 없다. 써 있는 것에 만족하는 것으로는 인간이 인간답게 될 수 없다.[14]

이렇게 자신의 것이 아닌 것을 기록하고 남기기를 불편해했던 소크라테스가 현재 인터넷의 영상이나 콘텐츠를 보면 기겁했을 것이다. 아마 스마트폰을 부수고 포털사이트를 테러하느라 감옥에 잡혀 들어갔을 것으로 예상된다. 내 것이 아닌 것은 내 것이 아니다.

내 것은 내 안에서 나온다. 그래서 창의성의 기반은 기억중심교육에 있다. 외운 것들 그리고 오랜 시간 연마한 것들이 새롭게 들어오는 다양한 정보들과 융합된다. 이것이 내 정체성이다. 뇌를 믿어라. 가끔 누구나 자신이 천재가 아닌가 하는 생각이 들었던 적이 있을 것이다. 그 순간의 센스에 넋이 나간다. 그 순간을 떠올려 보면 그때 내 아이디어는 번쩍 떠오른 것이 아니라 익숙한 어떤 것을 비틀었던 것뿐이다.

제발 뇌에 쌓아라. 뇌는 지금 갈급하다. 우선 집어넣자. 그러면서 자신이 어떤지 스스로를 관찰해야 한다. 어떤 순간에 몰입하는지, 누구와 일할 때 시간 가는 줄 모르는지, 어떤 책을 지루하지 않게 보는지 한 번 정리해 보자. 기억을 많이 할 수 있도록 도전해 보자.

가정도 아이들 정체성 형성에 좋은 영향을 주고 있지 못하다. 식당에 가면 말도 잘 못할 것 같은 나이인데 스마트폰을 능숙하게 다루는 아기들을 심심치 않게 본다. 부모도 힘들고, 공공장소에서 아이들이 심한 장난이라도 치면 눈총받기 십상이라 유튜브를 틀어 아이 손에 쥐어 주게 된다. 그렇게 아이는 스마트폰이 키우는 아이가 된다. 부모보다 스마트폰이 좋고 생일 케이크에 둘러앉기보다는 게임하기 좋은 방구석을 선호한다. 생일은 사실 아이들의 정체성 형성에 매우 중요하다. 자신의 출생을 축하받는 것은 자신이 중요한 사람이라는 기억을 형성하고, 공동체에 어떻게 기여할까를 생각하게 해 준다.

따뜻한 가정에서 자란 기억이 없어서, 또 이것이 학교에서 보완이 안 돼서 행복한 일화 기억도 없고, 내 자신이 어디에 속하는지에 대한 의미 기억도 없고, 내 취미와 여가에 대한 암묵 기억도 없는 채로 사는 것, 그래서 정체성에 혼란이 오는 것은 두고두고 문제가 된다.

일단 성인이 되었을 때 알코올중독이 되기 쉽다. 중독까진 아니더라도 알코올에 의존하게 되기 쉽다. 알코올에 의존하는 성향은 한 가지 예상치 못한 결과를 낳는데, 알코올의 독성이 기억의 중추인 해마를 계속 파괴하는 것이다. 그래서 60대 이후 치매에 걸릴 확률이 높아진다. 50대 이전에 급사할 가능성도 높아진다. 어쩌면 더 큰 문제는 이런 총체적인 난국 속에 쓸쓸한 노후를 보내게 될 확률이 높아진다는 것이다. 정체성이 형성되지 않고 노년을 맞이한 사람들은 이혼하고, 친구도 없다. 그리고 쓸쓸히 눈을 감는다.[15]

혹 이런 모든 문제는 공부 잘하는 아이들에게는 해당되지 않는다고 생각할 수도 있겠다. 정체성이 별거인가. 그냥 열심히 사교육 시켜서 SKY 보내면 모든 게 해결된다고 생각할 수 있다. 여기에 반전이 있다. 내가 바로 앞 문단에서 설명한 사람들은 모두 하버드 대학교 졸업생들을 대상으로 한 실험의 결과를 보여 준 것이다.[16] 그것도 잘나가는 백인 집안 아이들을 대상으로 한 것이다. 쉽게 말해 제대로 된 기억 형성이고 뭐고, 정체성이고 뭐고, 본인의 능력이든 부모의 능력이든 그냥 열심히 시키는 대로 공부하고, 시험 보는 요령, 문제 푸는 요령, 입시 요령 터득해서 SKY 갔는데, 그들의 마지막이 알코올중독, 50세 때 급사, 60대 후 치매, 쓸쓸한 노후와 죽음이다.

효율은 나중에 생각하자. 노력해도 소용없다는 얘기는 일단 장시간 기억하려고 노력해 본 다음에 하자. 지금은 일단 그냥 막 노력하고, 쉬지 않고, 공부하고, 스마트폰은 꺼서 가방에 넣는다. 어휘력이 없는데, 글 쓰는 법 알려달라고 하지 말자. 요약을 못하는데 보고서 쓰는 방법 공부해야 허사다. 뭘 잘하는지, 좋아하는지, 무엇으로 공동체에 기여할 수 있는지 모르는데 자기소개서 작성법 배우고 면접 기술 배워서 어떻게 할 것인가. 기본부터 시작하자. 영어 단어는 외웠지만 한글은 무시했던 것이 사실이다.

이런 학습 재단은 비일비재하다. 한자도 거의 쓸모없는 과목이다. 쓸모없으면 과감히 버린다. 하지만 사회에 나오면 안 다. 생각보다 배움에는 버릴 것이 없다. 내 안에 쌓은 지식은 분명 제 역할을 한다. 작은 아령도 반복해서 들면 팔에 근육이 생긴다. 뇌도 마찬가지다. 반복되는 작은 쓰임이 차곡차곡 쌓여야 한다.

스마트폰이 채워 주는 기억이 아닌, 개인이 스스로 만들어 가는 기억. 스마트폰이 암기하는 기억이 아닌, 개인이 스스로 암기하고, 인간이 다른 인간에게, 스승이 제자에게 암기하는 기억. 그것이 인간의 정체성을 만들고, 그렇게 정체성을 갖춘 인간이 행복해진다. 인공지능 시대에 정말 무서운 것은 인공지능이 아니다. 인공지능이 주는 지식만 받게 되고, 스스로 형성한 지식이 없어지는 인간이 정말 무서운 것이다.

호모 사피엔스의 본질은 기억이다. 기억을 활용한 상상력, 기억의 재배열로 늘 변화에 대응해 왔고, 변화를 이겨왔다. 그런데 지금 이루어지고 있는 변화는 호모 사피엔스의 근본적인 힘을 빼 버리는 변화이다. 이게 무서운 것이다. 인간에게 있는 인간으로서의 본질이 통째로 무너지고 있다. 기억을 버려서는 안 된다. 그래서 이제 제대로 기억하는 법, 즉 제대로 나라는 존재를 만들어 가고, 나의 정체를 세상에 확실히 각인시키는 법에 대해 이야기하려고 한다. 장시간 노력해서 기억해 온 인간, 글자가 없었던 시절에도 구전으로 전달하고, 외우게 하고, 노래를 만들어서 지식을 전달하려고 노력했던 인간의 본질을 지켜야 한다. 메모리 크래프트! 이것은 인간의 본질을 지키기 위한 몸부림이자 인간의 자존심을 지키고 정체성을 지키려는 자의 외침이다. 이 책을 통해 제대로 된 기억을 형성한 개인, 제대로 된 정체성을 개발한 사람들이 늘어갔으면 좋겠다.

"기억이 없으면 인간이 될 수 없다."

청년기에는 기억이 가장 강렬하고 가장 오래 남기 때문에 기억에 특별세를 부과해야 한다. 그러나 무엇을 기억할 것인가를 선택하는데 있어서는 최고의 주의력과 선견지명이 필요한데 청년기에 습득한 교훈은 평생 기억되기 때문이다.

– 아르투르 쇼펜하우어

메모리
크래프트

MEMORY CRAFT

활용하면 공부는
진보한다

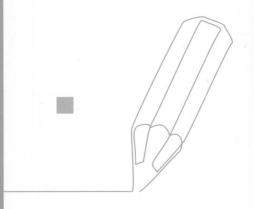

중 ·고등학교 시절 이런 친구가 있었다. 시험이 코앞인데 여유를 마구 발산하며 친구들의 질문을 기다리던 녀석. 부러웠다. 그 녀석은 분명 몰래 밤을 샜을 거라 위안했다. 하지만 그 녀석의 피부는 뽀얗게 빛났다. 그때 내 다크서클은 왜 그렇게 짙었는지?

어슬렁거리며 누구와도 친하게 지내며 말도 안 되는 질문도 여유 있게 받아넘긴다. 오지랖이라고 생각한 적도 있지만 벼락치기를 시전 중인 친구들을 위해 세계사를 한 방에 정리하는 모습을 본 이후 필자도 '친구 배움 찬스'를 가끔 이용했다.

그런 녀석들의 공통점은 머리가 아니라 사회성이었다. 경쟁을 뛰어넘어 이타적인 행동을 자행했다. 재수 없었지만 부러운 능력이었다. 경쟁을 뛰어넘는 자신감은 그 녀석을 진정한 리더로 만들었다. 교사와 친구들은 모두 그를 좋아했다.

시간이 지나고 알았다. 그 녀석은 자신 나름의 독특한 방법으로 공부하고 있었다. 과학이 증명한 공부법은 녀석에게 여유를 선물했고 덤으로 우정과 리더십을 베풀었다. 그는 현재 여전히 잘나가고 있다. 공부의 목적은 시험이 아니다. 인생을 가장 아름답게 만드는 기술이다. 이제 한 번 증명해 보겠다.

공부, 어여쁜 변신술!

우리는 보통 공부하면 열심히 머리에 넣는 과정만 생각한다. 물론 일부 타당하다. 그러나 이것은 공부하는 과정의 절반만 의미한다. 50점짜리 공부법. 아는 건 많은데 거기서 끝이다. 뛰어난 점수를 얻을 수 있지만 그게 다다. 인생 살아 보면 안다. 시험만 잘 보는 사람이 생각보다 쓸데없다.

사회에 나오면 엄청난 집중력으로 배우며 정리하는 능력이 뛰어난 인재들을 만난다. 하지만 50점이다. 선배들은 이렇게 정리한다. "그래. 알았고. 이제 어떻게 하면 좋겠어?" 대답이 없다. 이런 시험 천재들 생각보다 많다. 필자를 믿어도 좋다. 공부의 원리를 잘 체득하지 못하고 열심히 외우는 것에만 집중하는 공부, 어디다 써야 하는지도 모르는 공부, 즉 응용 능력 떨어지는 공부를 한 사람들의 미래가 이렇다. 시험이 없어지면 결국 쓸모가 없다.

문제해결력, 응용력을 기르기 위해서는 평소에 배우고 공부한 것을 써먹어야 한다. 사소한 것에라도 내가 습득한 지식을 직접 써먹어 봐야 적용력이 생긴다. 문제는 현재의 대학입시 체제나 대학 교육에서는 공부를 써먹을 기회가 많지 않다. (대학에서 가르치는 사람으로서 책임을 통감합니다. 하지만 분명 바뀔 것이고 바뀌고 있습니다.)

동기부여 측면에서도 공부의 활용은 매우 중요하다. 좋은 성적을 받으면 공부하고 싶어진다. 노력에 대한 대가가 분명하면 누구나 노력한다. 그런데 현재 우리가 하는 공부는 대가를 얻기 위해서는 너무 많은 시간과 노력을 투여한다. 기성세대는 지식이 언젠가 피가 되고 살이 된다고 하는데 도대체 어디다 쓰이는지 알 수도 없고, 필요성도 모르겠는데 노력을 투여하기란 쉽지 않다. 이런 상황에 공부에 동기부여를 스스로 만들기는 어렵다.

써먹는 공부를 해야 한다. 그것도 되도록 바로. 오늘 배운 걸 오늘 써먹어야 내일도 힘이 난다. 어떻게 하면 지식을 활용할 수 있을까? 여기서부터 부모, 선생님 또는 주변 사람들의 정교한 노력이 필요하다. 일단 부모라면 아는 척 할 수 있는 분위기를 만들어 줘야 한다. 물어보고 들어주고 질문해야 한다. 요즘 아이들은 영리함을 넘어 영악(?)하다. 질문의 본질을 바로 파악하는 기능을 다 탑재하고 있는 것 같다. 주목할 점은 우리가 모두 인간이라는 점이다. 눈짓, 몸짓 등 언어를 사용하지 않고 나누는 콘텐츠가 생각보다 많다. 특히 우리의 분신들은 더 금방 알아본다. 시험 성적 향상이라는 대전제를 감춰도 아이들은 알아챈다. 친절함의 목적을 눈치채면 아이들은 입을 닫는다.

문화를 만들어야 한다. 아이들은 다 안다. 책 읽는 모습을 보여야 아이들이 책을 읽는다는 소리에 억지로 책을 집어드는 부모는 아이에게 책읽기를 가르칠 수 없다. 정말 책읽기가 재미있는 부모만 책읽기를 가르칠 수 있다. 괜히 애들 앞이라고 어른 흉내 내는 엄청나게 어려운 책 읽지 마시라. 추리소설, 연애소설 등 쉬운 것부터 시작하고 눈높이에 맞는 질문을 하기를 제안한다. 이것도 힘들면 동화책도 좋다. 동화책, 생각보다 재미있는 거 많다. 어른이 되면 안다. 우리가 생각보다 동화를 잘 모른다. 어린 시절 TV로 봤던 '어린이 명작동화'에 그만 의지하자. 재미있는 분야부터 시작하시라!

그다음은 질문법. 알아야 질문한다. 모른 채 대충 질문하지 마시라! 모르면 모른다고 솔직하게 말하고 알려달라고 해야 한다. 학교 생활로 대화를 시작하는 것도 좋다. 그러면 아이는 친구들과 있었던 일, 선생님께 칭찬받은 일, 처음으로 책을 빌렸던 일 등을 신이 나서 이야기한다. 부모의 표정도 밝다. 흐뭇하게 듣는다. 그리고 아이의 말이 끝나면 간식을 먹거나 좀 쉬자고 하면서 대화의 주제는 변화한다.

오늘 배운 걸 꼭 써먹게 해 줘야 한다. 복기하는 기회가 될 수도 있다. 검색이 워낙 쉬운 시대라 아이들의 설명을 들으면서 정보를 같이 검색해 봐도 좋다. 만약 외국어 검색이 어렵지 않으면 외국에서는 오늘 배운 정보를 어떻게 활용하는지 알아봐도 좋다. 그러다 배움과 관련된 영화나 노래를 찾으면 이건 아이와 함께 할 10년짜리 공통 소재를 찾은 것이다.

마지막으로 듣는 태도이다. 아이들이 말할 때 진지하게 대해야 한다. 100억을 투자하는 투자자를 만난다고 가정해 보자. 투자자의 말을 얼마나 겸허히 진중하게 들을까. 우리 아이는 100억보다 소중하다. 귀하게 대접하면 아이들은 귀해진다.

이건 학생에게만 한정된 방법이 아니다. 직장에서도 똑같다. 아니 평생교육을 위해 은퇴 후에 공부하시는 어르신도 마찬가지다. 오늘 배운 걸 꼭 써먹어라. 배운 걸 동영상으로 찍어 유튜브에 올리는 것도 방법이다. 꼭 써먹어라!

공부를 즐거워하고 오래도록 지속하는 사람들과 그렇지 않은 차이가 바로 이 부분에서 갈린다. 내 지식이 사용될 수 있는 지식이라는 것을 활용을 통해 깨달은 사람들은 공부가 즐거울 수밖에 없다. 내 배움이 누군가에게 도움이 된다는 긍정적인 피드백을 받은 경우는 말할 필요도 없다. 우린 누군가의 희망이길 바란다.

인간 욕구에 따른 공부

인간의 기본욕구를 구분하는 여러 방법이 있긴 하지만, 심리학 분야에서 자주 사용하는 것은 심리-사회적 욕구(psycho-social needs)이다.[1] 다섯 가지가 여기에 들어가는데, 하나는 존중의 욕구로 사람들로부터 존중받았는지 배척받았는지에 대한 것이다. 두 번째는 관계의 욕구인데, 위기에 처했을 때 도움받을 가족이나 친구가 있었는지에 대한 것이다. 세 번째는 자율의 욕구인데, 시간과 공간을 내 마음대로 쓸 수 있었는가 하는 것이다. 네 번째는 유능의 욕구인데, 뭔가 잘하는 것을 했는지에 대한 것이다. 다섯 번째는 배움과 성장의 욕구인데, 뭔가 새로운 것을 배웠는지에 대한 것이다.

엄마들이 학교에서 돌아온 아이에게 오늘 있었던 일을 묻는 것은 대부분 존중받았는지, 관계가 괜찮았는지, 자율적 분위기였는지에 대한 질문이다. 여기서 끝나면 안 된다. 유능의 욕구, 더 나아가 배움과 성장의 욕구에 대한 질문도 해야 한다. 오늘은 어떤 일을 하면서 잘한다고 생각했는지, 또 새롭게 배운 것, 어제보다 오늘 더 나아진 점을 깨닫게 해 주어야 한다.

많은 경우 이 마지막 두 가지 욕구와 관련된 질문은 잘 하지 않는다. 사회에서도 마찬가지다. 그냥 개인적으로 예단하는 경우가 많다. 우리 아이는 평범하다. 우리 직원은 그런 거에 관심없다. 아버지는 그런 거 모른다. 정말일까? 퇴근한 상대방에게 또는 하교한 아이들에게 말할 기회를 주었는지 한번 생각해 보자. 우리 자신에게 그러듯 우리는 상대방에게 지식을 써 볼 기회를 주지 않았다. 기회를 줘야 그런 기회를 누릴 문화적 배경이 생긴다. 우리가 생각한 상대방은 공부에 관심이 없는 것이 아니다. 우리가 알려고 하지 않았기 때문이다. 필자가 만나 본 청소년 중에 단 한 명도 공부를 못하고 싶었던 아이는 없었다. 우리는 누구도 공부를 못하고 싶지 않다. 전교 꼴찌도.

지식 사용의 효과

배우기만 하는 것, 외우기만 하는 것, 강의를 듣기만 하는 것보다 배우고, 외우고, 들은 것을 써먹는 것이 기억 증진에 굉장한 효과가 있다는 것은 다양한 연구를 통해 확인된 사실이다. 관련된 한 연구는 참가자들에게 지문을 주고, 7분을 줄 테니 그대로 외우라고 지시하였다.[2] 그리고 곧바로 외운 읽기 지문을 기억나는 대로 써 보는 예비 테스트를 7분간 하였다. 5분 후에 또 테스트를 하고, 2일 후에, 그리고 1주 후에 또 동일한 테스트를 하였다. 결과는 어땠을까? 5분 후에는 75%를 기억했고, 2일 후에는 68%를 기억했으며, 1주 후에는 56%를 기억했다.

기억력이 별로라고 생각하는가? 이 실험의 반전은 사실 위 참가자들이 알지 못하는 또 다른 집단이 있었다는 것이다. 바로 동일한 읽기 지문을 7분 동안 외운 후 7분간 예비 테스트를 본 것이 아니라, 7분간 추가로 지문을 더 읽을 기회를 준 집단이다. 결과는 어땠을까? 5분 후에는 81%를 기억했고, 2일 후에는 54%를 기억했으며, 1주 후에는 42%를 기억했다.

그럼 이제 7분간 공부한 후 7분간 시험 본 집단과 7분간 공부한 후 7분간 또 공부한 집단의 기억력을 제대로 비교해 보자. 5분 후를 제외하고는 시간이 지나면서 7분간 시험을 봤던 집단의 기억력이 월등히 높음을 알 수 있다. 한 번 써먹어 본 것과, 그렇지 않은 것이 장기적인 기억력 차이를 만들어 낸 것이다. 다시 말해, 한 번 기억을 끄집어 내 사용해 보는 것이 다시 한 번 읽는 것보다 기억에 좋다.

이렇게 외운 것을 사용해 보는 것이 기억 증진에 효과적인 이유는 두 가지가 있다. 첫째, 지식을 사용하는 과정에서 지식 사용에 필요한 신경 경로가 발달된다. 지식 저장에만 신경 쓸 때는 충분하지 않았던 지식 사용 경로가 지식을 사용하면서 발달하게 되니 저장했던 정보를 보다 원활하게 인출할 수 있게 된다.[3] 지식 사용 경로가 발달하는 것은 여러 장점이 있지만, 필요한 순간에 필요한 지식을 언제든지 출력해낼 수 있게 된다는 것이 가장 큰 장점이다.

저장은 열심히 했지만, 사용에 필요한 경로가 충분하지 않으면, 필요한 그 순간에 생각나지 않고 한참 지난 후에 생각나는 것과 비슷하다. 오랜만에 길에서 만난 친구 이름이 그 순간에 떠오르지 않고 한 시간 후에 떠오르면 얼마나 안타까운가? 시험지에 썼어야 하는 답이 시험 볼 때 떠오르지 않고 한 시간 후에 떠오르거나 쉬는 시간에 떠오르면 얼마나 아까울까? 이런 문제가 생겨나는 것은 대부분 저장만 열심히 하고 사용하지 않아 지식 사용 경로가 충분히 발달하지 않아서 그렇다.[4]

공부한 내용을 사용하는 것을 소홀히 하면 필요한 순간에 그 정보는 인출되지 않을 것이다. 면접이 끝나고 답이 생각나고 논술이 끝난 후 글감이 떠오르게 될 것이다. 여러분을 평가

하는 사람들은 그런 안타까운 사연을 잘 모른다. 그게 실력이라고 판단할 것이다. 필요한 순간에 출력되지 못한 여러분의 실력이다. 진작에 지식을 인출하는 연습을 해야 했다.[5]

7분간 테스트 해 보는 것만으로도 이렇게 효과적인데, 가족이나 선생님이, 아니면 스스로 지식을 사용해 보는 것은 얼마나 효과적이겠는가? 지식을 사용해 볼 기회를 주어야 한다. 부모가 지식을 사용할 수 있는 질문을 해야 한다. 그렇게 하면 유능의 욕구, 배움과 성장의 욕구를 충족시킬 뿐 아니라 지식 사용 능력, 쉽게 말해 기억력도 증진된다!

문자가 뇌에 필요한 이유

배운 것을 사용해 보는 것은 우리 뇌에 지금 배우고 있는 것이 생존에 필요한 것이라는 신호를 전달한다는 점에서 중요하다. 뇌는 생존과 직결될수록 빨리 기억한다. 글도 못 읽는 어린 아이들이 발음도 힘든 긴 공룡 이름을 아무렇지도 않게 잘 외우는데, 이는 대부분 공룡이 무섭게 생겼고, 만약 생존해 있었다면 인간의 생명을 위협할 수 있는 녀석들이기 때문이다. 즉, 아이들의 뇌가 이 시대의 뇌가 아니라 구석기 시대의 뇌이기 때문에 인간의 목숨을 위태롭게 하는 공룡에 반응하는 것이다.[6]

이것을 잘 이용해야 공부를 잘할 수 있다. 반대로 이것을 잘 활용하지 않으면, 우리 뇌는 열심히 공부한 언어적 지식을 쓸모없는 폐품으로 취급할 것이다. 무슨 말이냐고? 인류의 조상들이 살았던 시대에 공룡이나 호랑이 같은 포식자가 있었을지 몰라도 문자와 언어는 없었다.[7] 즉, 우리 뇌는 포식자를 피하면서 생존하는 기술을 배우는 것에는 친하지만, 문자와 언어를 학습하면서 공부하는 것과는 별로 안 친하다.[8]

어쩌겠는가? 우리 뇌와는 별로 친하지 않은 문자와 언어가 이 시대에는 꼭 필요한 것이니 말이다. 방법은 우리 뇌에게 문자와 언어가 내 생존에 매우 필요한 지식이라는 것을 깨닫게 해야 한다.[9] 이것이 없으면 굶어 죽을 수 있음을 이해시키는 것이다. 다른 방식으로 문자와 언어로 된 지식을 이 시대의 인간은 매일매일 사용하고 있음을 알려 주어야 한다.

언어와 문자가 중요하다는 신호를 뇌에게 보냄으로써 뇌 스스로 언어와 문자에 대해 깊이 있는 정보처리(deep processing)를 가능하게 하지만, 뇌에게 언어와 문자가 중요하다는 아무런 신호를 주지 않으면 수박 겉핥기식의 얕은 정보처리(swallow processing)만 시행하게 된다. 한 연구는 영어 단어를 외우는 상황으로 이를 증명해 냈다.[10] 초등학생들을 세 집단으로 나눠서 영어 단어를 외우게 했는데, 한 집단은 영어 단어에 모음이 몇 개인지 세게 했고, 다른 집단은 영어 단어를 사용하여 개인과 관련된 문장을 만들게 했고, 세 번째 집단은 영어 단어들이 무인도에서 살아남는 것에 얼마나 중요한지와 관련된 문장을 만들게 했다.

그다음 단어 시험을 보았다. 결과는 어땠을까? 일단 모음이

3장 본 대로 배운 대로 써먹다

몇 개인지 세게 한 집단의 성적이 가장 낮았다. 40점 정도였다. 그다음은 나와 관련된 문장을 만든 집단이었다. 60점 정도였다. 가장 잘한 집단, 즉 80점 정도를 맞은 집단은 바로 무인도에서 생존하는 것과 관련시킨 세 번째 집단이었다.

우리 아이들에게 그냥 단어를 외우게 하는 것은 모음이 몇 개인지 세게 하면서 뇌에 아무런 자극을 주지 못하는 공부다. 열심히 노력하고, 시간도 들이고, 돈도 썼지만, 효과가 없는 공부다. 그러나 적어도 그 단어가 나와 어떤 관련이 있는지 생각하는 공부는 효과가 있다. 심지어 나의 생존과 어떤 관련이 있는지 생각하는 공부는 단 한 번에 100%에 가까운 기억력을 만들어 낸다.

'오늘 무엇을 배웠니?'라는 질문은 공부와 관련성을 높이며 생존과 연결된 정보처리 과정을 한꺼번에 해결해 준다. 가족에게 이야기해 줘야 하는 공부, 친구에게 가르쳐 주기 위한 공부, 내 생존에 매우 중요한 가족이 좋아하고, 기뻐하고, 그래서 나를 더 잘 챙겨 주게 하는 공부! 그래서 우리 뇌가 반드시 기억하게 만드는 공부가 되는 것이다. 이렇게 훈련된 뇌는 구석기 시대의 틀에서 벗어나 점점 언어적이고 문자적인 공부를 잘 처리할 수 있도록 형태를 바꾼다. 이것이 그 유명한 두뇌 가소성(brain plasticity)이다.[11]

후일담

필자의 친구는 가르치면서 자신의 학문을 완성한 것이다. 그 친구는 누구에게 배웠는지 아니면 스스로 터득했는지 모르겠지만, 지식을 써먹고 있었다. 열심히 저장하는 과정을 거친 후 지식을 사용하면서 자신의 뇌에 내가 학습한 것들이 얼마나 중요하고, 필요한지 알려 주고 있었다.

이제는 알겠다. 그 친구는 노는 것이 아니었다. 돌아다니면서 살아 있는 공부를 하고 있었던 것이다. "궁금한 거 물어봐, 내가 가르쳐 줄게."라고 하면서 뇌가 작동하는 원리에 입각한 진짜 공부를 하고 있었다. 『이기적 유전자』라는 책에서 기억나는 대목이다.[12] 우리 유전자는 생존을 위해 유전자의 생존에 가장 유리한 환경을 만들기 위해 이타적으로 보이는 행동도 마다하지 않는다.

10년쯤 지나서 한 가지 더 알게 된 것은 그러한 이타적 행동이 스스로의 아이디어가 아니라 가정의 문화였다는 것이다. 오늘 무엇을 배우고 왔는지 말하는 문화, 엄마에게 가르치고 아빠에게 가르쳐 보던 문화. 그리고 그것이 기억 증진에 도움이 됨을 자연스럽게 깨달았던 문화. 그런데 고등학생이 되서도 엄마, 아빠에게 그렇게 하기 어려우니 그 대상을 친구들로 바꾸었다는 것이다. 그리고 그 효과는 여러분이 아는 것과 같다.

배운 것을 가르쳐 보는 문화를 어릴 적에 형성하면 성인이 되어서도 시키지 않아도 하게 된다. 이렇게 공부한 사람은 같은 시간을 투자하더라도 양질의 지식을 습득하고, 필요할 때 쓸 수 있게 된다. 대단하지 않은가? 사소한 질문의 차이가 잘 배우고 잘 써먹는 사람을 만든다니. 어떻게 보면 가장 훌륭한 인생이 아닐 수 없다. 잘 배우고 잘 써먹는 삶. 필자가 꿈꾸는 삶이다.

이제 그동안 하지 않았던, 또는 잊어버리고 있었던 질문을 다시 할 때가 왔다. 이 질문을 통해 배운 것은 써먹어야 하는 것임을 몸소 경험시킬 때가 왔다.

"오늘 새로 배운 게 뭐니?"

메모리
크래프트

MEMORY CRAFT

4장 **호기심 멱살잡기**

궁금함이 고리가
된 두뇌 성장담

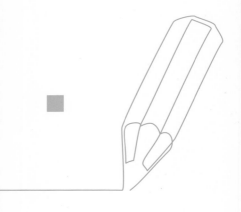

고등학교 과학 시간. 선생님은 좌우를 쫙~ 훑어보시고 늘 그랬듯이 한마디를 툭 던지신다.

"질문 있는 사람?"

아무도 손을 들지 않는다. 그저 눈만 껌벅껌벅. 뭘 그런 말도 안 되는 질문을 하느냐는 듯. 바로 그 순간 선생님은 마지막 밀당을 시도한다.

"다 아니까 질문이 없는 거지? 그럼 쪽지시험 한 번 볼까? 어렵단 소리 하지 마."

뭐라는 거지. 내가 다 안다고? 내가 다 안다는 걸 오늘 처음 알았다. 솔직히 내가 뭘 모르는지도 모른다. 하지만 선생님은 오해하고 있다. 난 모른다. 지금 손을 들어 다시 수업을 해 달라고 하면 친구 아니면 선생님에게 죽도록 혼날(?) 수 있다. 아무것도 모른다. 아는 게 없다. 과학 시험은 망했다.

다음 주 선생님은 긴 몽둥이를 들고 오셨다. (몽둥이의 쓰임은 당시에는 다양하게 활용되었습니다. 상상에 맡깁니다.) 시험이 끝난 다음 주 선생님은 팩트 폭행을 시작하신다. (팩트로만 폭행을 하셨는지 다른 폭행도 있었는지 궁금해 하지 마시길.)

"모르면 모른다고 왜 말을 못해. 시험도 망치고. 질문도 안 하고. 몸이 고달프지 뭐."

시간이 흘러 필자도 선생님이라는 호칭으로 불린다. 배운 게 도둑질이라고 과거에 배운 대로 수업을 진행한다. 수업을 마무리할 때 즈음 학생들을 쫙 훑어 본다. 그리고 미소를 띤다.

"혹시 질문 있나요?"

몇 초간 정적이 흐른다. 다 안다는 듯 필자의 미소를 흉내 내며 고개를 끄덕인다. 그리고 필자는 속아 준다.

"다 이해했나보네요. 수업 마칩니다."

보통은 여기서 상황이 종료다. 그런데 가르치는 입장에서 는 한 단계가 더 있다. 채점을 해 보면서 알게 되었다. 미소를 지으며 다 알고 있으니 얼른 수업을 마쳐달라는 표정의 학생 들의 답안지를 채점할 때 설마 성적이 너무 잘 나와 상대평가 가 불가하면 어쩌지 걱정했다. 이런 불안은 기우였다. 불안이 사라진 것이 아니라 방향이 바뀐 것이다. 너무 시험을 잘 봐서 변별력이 없을 것 같은 불안이 아니라, 다들 시험을 망쳐서 변 별력이 없어지는 불안으로. 그래서 다음 시간에 학생들에게 똑같이 말했다.

"왜 여러분은 모르는데 질문이 없어요?"

이것은 선생님 소리를 듣게 된 첫해에 내가 겪었던 실화에 조미료를 조금 얹은 것이다. 조미료를 빼고 이야기를 요약하 자면 이렇다. 학생들은 시험 문제를 내면 다 틀리면서, 잘 몰랐으면서, 잘 이해하지 못했으면서, 아무것도 몰랐으면서 왜 질문을 하지 않을까? 모르면 호기심이 생겨야 정상 아닌가? 왜 이런 일은 내가 고등학생 때로 끝나지 않고 몇 십 년의 세월이 지나 강산이 변했다는 지금에도 똑같을까? 이 미스터리의 답은 무엇일까?

진심을 만드는 힘, 호기심

내가 이 질문에 답하기 위해 첫 번째로 시도한 것은 국어사전에서 호기심(好奇心)을 다시 찾아보는 것부터였다. 그 이유는 질문이라는 것은 호기심에서 발생하고, 호기심은 무언가를 몰라서 궁금할 때 생긴다는 역사와 전통을 자랑하는 가설이 있었기 때문이다.

호기심(好奇心) [명사]
새롭고 신기한 것을 좋아하거나 모르는 것을 알고 싶어 하는 마음

역시 그렇다. 호기심은 '모르는 것을 알고 싶어 하는 마음'이란다. '모르는데 왜 질문이 없냐, 즉 모르는데 왜 호기심이 없냐?'는 말은 이 사전적 정의와 일맥상통한다. 호기심과 비슷한 말에는 흥미(interest)와 관심(attention)이 있다. 그렇다. 모르면 흥미가 가고, 모르면 관심이 간다. 맞나? 그러니까 모르는

데도 질문하지 않는 학생들은 문제가 있다고 볼 수 있다. 그런데 불현듯 이런 생각이 스치고 지나갔다.

"가만, 그런데 모른다는 것은 어떻게 알게 되는 거지?"

갑자기 속이 뻥 뚫린 느낌이었다. 모른다는 것에 대한 인식! 그렇다. 질문이 생기기 위해서, 즉 호기심이 생기기 위해서는 '모른다는 것에 대한 인식'이 필요한데, 이러한 인식을 가지게 되는 원인이 무엇인지는 생각해 보지 않았다. 이러한 생각의 결과는 '모르는데 왜 궁금하지 않을까?'라는 미스터리의 두 번째 단계로 필자를 이끌었다.

지식의 충돌과 호기심

두 번째 단계에서 필자가 시행한 것은 호기심에 대한 인지심리학적 이론을 찾아보는 것이었다. 인간의 마음과 행동을 과학적으로 연구하는 학문 분야인 심리학이 호기심을 무엇이라고 하고 있는지, 호기심의 원천이 어디라고 하고 있는지 확인하고 싶었다. 그리고 이러한 노력은 헛되지 않았다. 저명한 교육심리학자 로웬스타인(George Freud Loewenstein)은 호기심에 대해 체계적으로 정리를 해 두었다. 필자가 원하던 답은 이렇다.

로웬스타인 교수의 오랜 연구에 의하면, 호기심은 절대로 아무것도 모르는 상태에서 발생할 수 없다![1] 즉, 무지(無知)는 호기심의 원천이 아니다! 이럴 수가! 무지가 호기심의 원천이 아니라니! 처음 이것을 확인하는 순간 받은 충격과 전율은 지금도 남아 있어서 필자의 심장을 두근거리게 한다. 그럼 도대체 뭐가 호기심의 원천이란 말인가? 어떻게 해야 질문이 쏟아지는 수업을 만들 수 있을까?

해답은 의외로 단순했다. 뭘 좀 알면 된다! 그럼 뭘 좀 안다는 것은 뭘까? 자신의 지식의 한계를 깨닫는 것이다. 더 나아가 지식 사이의 모순이 생겨났다는 뜻이다. 즉, 습득한 지식들이 충돌할 정도로 많아졌을 때 호기심은 생긴다. 내가 가진 '창'이 모든 것을 꿰뚫을 수 있다는 것을 알 때는 호기심도 없고, 질문도 없다. 그런데 모든 '창'을 막을 수 있는 '방패'가 있다는 것을 추가로 알게 될 때는 호기심이 생기고 질문이 생긴다.

내가 살던 동네에만 살면 우리 동네에 대한 호기심도 없고, 질문도 없다. 그러나 내가 살던 동네를 벗어나 다른 세계가 있다는 것을 알게 되면 호기심도 생기고 질문도 생긴다. 천동설만 있던 시대에는 질문도 없고, 호기심도 없다. 그러나 지구가 돌고 있다는 지동설이 추가되자 우주에 대한 질문도 생기고, 호기심도 생긴다. 내가 알던 것이 전부가 아니었다는 깨달음, 그리고 여기서 나타난 지식 간의 충돌과 모순, 바로 이 순간 호기심이 생기고 질문은 발생한다.

그럼 고등학생 시절 필자와 친구들은 왜 질문이 없었을까?

몰랐기 때문이다. 정말 아무것도 모르고, 아무 생각이 없었기 때문이다. 우리 동네밖에 모르고, 선생님께 그날 배운 것이 지식의 전부였기에 호기심도 안 생기고 질문도 없었다. 왜냐고? 하나밖에 모르니까 지식 간의 충돌이 일어날 일도 없고, 모순이 일어날 일도 없으니 질문이 생기겠는가? 다시 말해 뭘 질문해야 하는지, 뭐에 호기심을 느껴야 하는지도 모르는데, 질문이라는 것이 나올 수가 없다.

이것이 바로 필자가 찾던 답이었다. 왜 학생들은 모르는데 질문이 없었을까? 사실 이 명제는 무지한 질문이며, 이미 질문 안에 답이 있었다. 모르니까 질문이 없었던 것이다. 뭘 질문해야 하는지도 모르고, 지식 간에 갈등이 일어나지 않고, 모순이 발생하지 않으니까. 그날 나에게 배운 지식이 그들이 가진 지식의 전부니까 질문이라는 것이 생기지 않는 것이다.

정보간극이론

이렇게 호기심은 다양한 배경지식 사이의 충돌 혹은 모순에서 발생한다. 즉, 호기심은 아무것도 모르는 사람 혹은 하나만 알고 둘은 모르는 사람에게 나타나는 것이 아니라, 뭘 좀 아는 사람에게만 나타날 수 있는 특권과 같은 것이다. 로웬스타인 교수는 이러한 호기심 발생 원리를 정보간극이론(information gap theory)이라 불렀다.

정보간극이론이란 이름 그대로, 사람들은 정보와 정보 사이의 간격을 좁히고 싶을 때, A라는 정보와 B라는 정보가 어떻게 공존할 수 있는지 알고 싶을 때, A라는 것과 B라는 것을 연결할 수 있는 다리를 놓고 싶을 때 바로 호기심을 가지게 되고 질문도 하게 된다. A밖에 모르고, B밖에 모를 때는 호기심이 생기지 않는다.

정보간극이론이 우리에게 알려 주는 지혜는 이것이 전부가 아니다. 호기심은 노력한다고 생기는 것이 아니다. 호기심은 공부의 산물이다. 책도 읽고, 신문고 보고, 강의도 듣고, 여행도 다니면서 다양한 정보가 착실하게 쌓인 후에 생긴다. 한 가지만 잘하면 안 된다. 불협화음을 낼 정도로 다양한 정보가 뒤섞여야 한다. 그래야 불협화음을 해결하고자 하는 아주 자동적인 뇌의 반응에서 바로 호기심이 나타난다.

현대심리학의 아버지라고 불리는 윌리엄 제임스(William James)는 "호기심은 음악과 관련된 뇌 부위가 불협화음에 반응하듯 지식의 비일관성 내지 간극에서 기인한다."라고 한 것도 위와 같은 뜻이다.[2] 우리 뇌는 일관성을 매우 사랑한다. 반대로 비일관성에 대해서는 어떻게 해서든 해결하도록 설계되어 있다. 심지어 서로 다른 지식이 잘 연결되지 않으면, 지적 박탈감을 느끼게 되며, 그런 박탈감을 해결하게 되기까지 누가 뭐라고 하지 않아도 공부하게 된다.

암기식 교육

혹자들은 심지어 교육 전문가들조차 호기심과 질문이 없는 이유가 암기식 교육 때문이라고 한다. 필자는 감히 암기식 교육을 똑바로, 더 강력하게 시키지 않았기 때문에 공부에 대한 호기심이 없고 질문이 생기지 않는다고 말하고 싶다. 쉽게 말해 호기심이 생겨서 스스로 공부하고 싶어질 때까지는 마구 주입해야 한다. 억지로라도 머리에 뭔가 지식을 삽입해야 한다. 물론 정보의 질(質)과 암기 방법에 대해서는 논의의 여지가 있다.

스스로 의사결정할 나이가 되기 전까지, 즉 스스로 선택하여 공부할 수 있게 되기 전까지 다양한 지식을 계속 주입하여 어떤 지식의 간극에 대해 탐구하고 싶은지 선택하게 만들어 줘야 한다.

수능시험에 나오는 몇 가지(국영수사과), 대입 전형에 들어가는 몇 가지만 공부하는 것이 아니라 예전처럼 음악, 미술, 체육, 가정, 기술, 경제, 세계사, 문화 등등 다양한 부분의 정보와 인사이트를 암기해야 한다. 잘 모르면 일단 외우게라도 해야 한다. 그래야 후에 지식의 간극을 느끼면서 자발적으로 공부할 수 있는 호기심이 생겨난다. 암기식 교육은 창의 교육 실패의 원흉이 아니다. 다양한 정보를 더 체계적으로 암기하지 않은 것이 창의 교육 실패의 원인이다.

머리에 많은 정보가 담겨야 한다. 호기심은 그다음이다. 이런 이유로 정보 불균형과 교육 차별이 생긴다. 이차방정식을 알아야 함수를 풀 수 있는 것과 같다. 정보 암기라는 부분에서 공교육이 약간 자리를 비우자 바로 사교육 시장이 치고 들어오는 이유가 이 때문이다. 새로운 트렌드와 신기술로 무장한 휴대폰 게임을 하기보다는 한가한 시간에 소설책이라도 끄적거리는 것이 창의력에 더 도움이 되는 것도 같은 이치이다.

호기심과 행복

호기심이라는 감정은 열 가지 긍정 정서[3] 중 하나이다.[4] 쉽게 말해, 호기심이라는 감정을 느끼는 사람은 행복하다. 살면서 뭔가 흥미진진한 것이 있는 상태인(interested) 사람은, 즉 뭔가 꽂힌 게 있는 사람이 뭘 하던 따분한 사람 혹은 아무것에도 관심이 없는 사람보다 행복하다는 것은 어쩌면 너무 당연한 이야기다. 실제로 아무것에도 의욕을 느끼지 못하는 것은 우울증의 증상 중 하나이지 않은가.[5]

그렇다면 우리 자신이나 아이들을 행복하게 해 주어야 하지 않을까? 아이스크림도 먹고, 많이 웃으면서 살아야 한다. 그리고 게임중독을 몰입이라고 착각하는 아이들을 진정으로 행복하게 해 주어야 한다. 그럼 공부해야 한다. 유튜브 크리에이터나 프로게이머를 꿈꾼다고 공부를 등한시하면 안 된다. 정보

가 머리에 채워져야 더 괜찮은 크리에이터나 프로게이머가 될
수 있다. 창의적인 뇌를 가져야 미래형 인재가 되는 것이다.
새로운 기술을 습득하는 것도 좋지만 충돌 가능한 지식을 포
기해서는 안 된다.

아울러 책을 보게 해야 한다. 일단 억지로라도 어떤 책이든
떼게 해야 한다. 예전에 서당에서 무조건 천자문을 외우게 했
듯이 한 권 한 권 지정된 책을 읽혀야 한다. 읽고 토론을 하든
지 독후감을 쓰든지 그런 건 나중 문제다. 일단 읽혀야 한다.
소재가 고갈되지 않으려면 계속 스토리를 이어서 끌고 갈 힘
이 있어야 한다.

더 중요한 것은 독서라는 활동이 호기심을 찾는 것과 충족
시키는 것 모두에 효과가 있는 행복한 활동임을 스스로 느끼
게 해 주어야 한다는 점이다. 독서의 중요성을 강조할 필요 없
다. 앞서 설명한 대로 '왜'를 이해시키는 것은 거리감만 늘리는
무리수다. 직접 경험시켜 줘야 한다. 독서가 얼마나 즐거운 일
인지 억지로라도 알게 해 줘야 한다. 실제로 다양한 행복 관련
연구는 독서가 일상생활에서 즐거움을 주는 활동이자[6], 재미
와 의미를 동시에 주는 활동임을 보여 주고 있다.[7] 이는 독서
가 호기심을 만들어 내는 것과 호기심 해결에 모두 관여하기
때문이다.

무지의 지

이런 말을 쏟아 내고 나니 한 사람이 떠오른다. 소크라테스.[8] 그리고 그의 제자인 플라톤이 스승이 했던 말이라고 소개한 것이 생각난다.

우리 소크라테스 선생님은 말씀하셨다. "나는 내가 모른다는 것을 안다고요(I know that I know nothing)."

정말 아무것도 몰랐던 철부지 시절에는 이 말이 왜 위대한지 몰랐다. 소크라테스가 왜 위대한지 '무지(無知)의 지(知)' 따위가 뭐라고 이렇게 호들갑을 떠는지 알 수 없었다. 그런데 이제 좀 알 것 같다. 그리고 이 말을 할 수 있었던 소크라테스에게 호기심이 생긴다. 만날 수만 있다면 그에게 이렇게 질문하고 싶다. "도대체 얼마나 열심히 공부했기에 모른다는 것을 아셨나요?" 열심히 공부하면서 뭘 좀 알기에 늘 질문이 많고(산파술), 세상의 본질에 대한 탐구심과 호기심으로 충만했던 사람, 소크라테스는 바로 그런 사람이었다.

"기억이 있어야 궁금하다."

메모리
크래프트

MEMORY CRAFT

5장 인간은 배경을 닮는다

익숙함에 익숙함

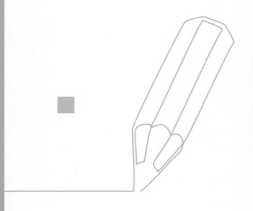

시대를 구분하는 많은 방법이 있지만, 소니의 워크맨(walkman)을 아는 세대와 모르는 세대로 구분할 수도 있다. 워크맨은 말 그대로 혁신 중의 혁신이었다. 그리고 그 혁신의 핵심은 오토리버스 기능! 테이프 한 면이 다 돌아갔다고 귀찮게 꺼내서 뒤집어 넣을 필요가 없다! 그냥 가만 두면 자동으로 다음 면이 나온다!

이것이 얼마나 유명한 제품이었는지는 소위 짝퉁 제품이 부지기수로 등장했다는 것만 봐도 알 수 있다. 그런데 이 워크맨이 나왔던 1990년대의 짝퉁은 지금처럼 정교하지 않았다. 겉만 비슷하지 기능은 딴판이었다. 오토리버스 기능이 있다고 버젓이 쓰여 있지만 테이프의 반대면을 들려주는 것이 아니라, 듣던 그 면을 말 그대로 거꾸로 돌려 버리기도 했다.

1990년대는 '서태지와 아이들'의 시대라고 해도 과언이 아니다. 현재 엄마, 아빠가 된 세대라면 서태지의 힘을 온몸으로 느꼈을 것이다. 서태지의 곡 중에 〈교실 이데아〉가 있었는데 짝퉁 오토리버스를 활용하여 거꾸로 돌려 들으면 '피가 모자라, 피가 모자라'라는 소리가 들리더라는 것이다. 해프닝으로 끝났지만 당시의 워크맨의 영향력을 보여 주기에는 충분했다. 당시 학생들은 그렇게 진품이건 짝퉁이건 하나씩 귀에 뭘 꽂고 다녔다. 처음에는 별 문제 없어 보였다. 자율학습 시간에 공부 안 하고 떠드는 친구들의 목소리를 워크맨으로 막아 차단하겠다는데 뭐가 문제겠는가?

아마 이때부터였을 것이다. 공부할 때 귀에 뭘 꽂고 하는 사람들이 증가하기 시작한 것이. 그리고 선생님이나 부모님들이 보기에 재가 지금 음악을 듣고 있는 건지 공부를 하고 있는 건지, 지금 내가 라디오를 듣고 있는 건지 공부를 하고 있는 건지 알 수 없어졌다. 이렇게 알쏭달쏭한 상황의 정체는 성적표에 밝혀졌다. 음악을 들으면서 공부하는 것은 공부를 한 것도 음악을 듣는 것도 아니다. (집중력을 높여 준다는 생활소음, 화이트노이즈와는 다른 것입니다. 음악을 집중하여 듣는 행위를 말합니다.) 지금도 별반 다르지 않다. 아마 더 복잡해졌을 것이다. 휴대폰 게임을 켜놓거나 유튜브, 넷플릭스 등을 보면서 공부하는 사람도 적잖이 나타나고 있다. 우리는 아직도 워크맨으로 서태지를 들으며 공부의 이데아를 파괴하고 있다.

맥락과 학습

집중력이 좋은 아이들에게 맥락은 중요하지 않다. 맞는 말이다. 어디에서든 집중할 수 있는 자기 통제력을 가지고 있는데 뭐가 문제일까? 그런데 이런 좋은 자질을 가진 사람이 얼마나 될까? 대부분 우리는 평범하다. 그러기에 최대의 능력으로 공부하고, 공부한 내용을 쭉쭉 빨아들이려면 맥락을 고려해야 한다. 보통 공부 못하는 사람들이 환경을 탓하는데 이거 맞는 소리다. 공부 못하니까 환경을 잘 만들어야 한다. 공부하기 좋은 환경을 만들어야 좋은 성과를 얻는다.

심리학에서는 과거로부터 지금까지 맥락이 학습에 얼마나 중요한 영향을 미치는지 관심을 가져왔다. 오죽하면 장소기반 기억, 맥락기반 기억, 감정기반 기억이라는 말을 쓰겠는가.[1] 자! 먼저 장소기반 기억부터 살펴보자. 장소기반 기억이란 평소에 기억나지 않던 것이 특정 장소에 가면 기억나는 것을 말한다.[2] 평소 기억나지 않던 어릴 적 일화가 어릴 적 살던 곳 근처를 지날 때, 혹은 어릴 적 살던 곳과 분위기가 비슷한 곳을 지날 때 기억난다면 장소기반 기억을 체험한 것이다.

맥락기반 기억은 평소에 기억나지 않던 것이 특정한 맥락에 들어가면 기억나는 것이다.[3] 즉, 한 달 전에 오랜만에 가족들이 다 같이 모여 밥 먹을 때 대화했던 내용이 평소에는 기억나지 않다가 오랜만에 가족들이 다 같이 모여 다시 밥을 먹을 때가 되면 기억이 난다. 친구와 전화통화하면서 나누었던 대화 내용이 평소에 기억나지 않지만, 그 친구를 만나는 순간 다시 기억이 난다. 그래서 이렇게 말할 수 있다. "너 지난번에 누구 만난다고 했잖아. 그 일 잘됐어?" 이러한 사회생활의 기본을 당신이 잘하고 있다면 맥락기반 기억을 적절하게 활용하고 있다는 신호다.

감정기반 기억은 평소 기억나지 않던 것이 특정 감정 상태에 들어가면 기억나는 것이다.[4] 여행지에서 봤던 멋있는 풍경, 친구들과 놀이공원에서 보냈던 행복했던 순간, 가족과 생일파티를 했던 행복한 기억이 평소에는 잘 떠오르지 않는다. 그러나 대학에 합격하고, 취업을 하고, 프로젝트에서 큰 성취를 보이는 등의 보람 있는 일을 경험하거나 한국 청소년 국가대표 축구팀이 청소년월드컵 결승전에 진출하는 기쁘고 행복한 일이 있으면, 과거의 행복했던 순간이 함께 떠오르면서 내 행복을 두 배, 세 배로 늘린다.

반대의 경우도 성립한다. 사실 이건 좀 위험할 수도 있다. 누구와 싸웠던 순간, 혼났던 순간, 창피했던 순간, 걱정하고 근심하던 순간, 죄책감을 느꼈던 순간, 신경이 곤두서고 우울했던 순간, 분노가 치밀던 순간 등이 평소에는 잘 생각나지 않는다. 그런데 분노하게 되면, 우울하게 되면, 걱정하게 되면, 죄책감을 느끼게 되면, 신경이 곤두서게 되면 과거에 동일한 감정을 느꼈던 순간이 떠오르기 시작한다.[5] 만약 애인 간의 관계에서 이런 일이 벌어지면 그들은 관계를 유지하기가 어려울 수 있다. 특히 사귄 지 오래될수록 자신을 서운하게 한 일, 자신에게 잘못했던 일이 많을 테니 말이다. 그래서 이렇게 말하게 된다. "너 2년 전에도 그랬잖아!"

맥락이 기억에 미치는 효과를 가장 극명하게 보여 준 전설적인 기억 실험은 백사장에서 공부한 사람과 물속으로 잠수해서 공부한 사람에 대한 연구이다.[6] 연구 전략은 간단했다. 실험 참가자의 절반은 백사장에서 단어 공부를 시키고, 다른 절반은 6m 깊이의 물에 잠수를 시킨 후 단어 공부를 시켰다. 그리고 백사장에서 공부한 사람의 절반은 공부했던 장소인 백사장에서 단어 시험을 봤고, 나머지 절반은 자신이 공부한 곳이 아닌 물속 잠수 환경에서 단어 시험을 봤다. 마찬가지로 잠수해서 공부한 사람의 절반은 자신이 공부했던 맥락인 잠수 환경에서 단어 시험을 보고, 나머지는 자신이 공부한 맥락과 다른 백사장에서 단어 시험을 봤다.

결과는 명확했다. 백사장에서 공부했던 사람은 백사장에서 시험을 봐야 잘 보고, 잠수해서 공부했던 사람은 잠수해서 시험 볼 때 시험을 잘 봤다. 자! 이제 생각을 좀 정리해 보자. 사람은 자신이 공부했던 환경과 시험 보는 환경이 비슷해야 시험을 잘 본다. 전문 용어로 표현하자면 기억을 입력하는 맥락과 기억을 출력하는 맥락이 같아야 출력이 잘 된다. 그런데 지금 당신의 공부 환경은 어떤가?

탐색반사:
시험 보는 환경이 공부한 환경과 다를 때

우리 뇌는 새로운 환경에 직면하면 새로운 환경에 적응하기 전까지는 다른 것에 주의를 기울이지 못한다. 이러한 우리 뇌의 성향은 자주 문제를 일으킨다. 바로 탐색반사(exploratory behaviour)라는 작용인데, 새로운 환경에 노출되는 순간 그 환경에 집중하느라 다른 것을 염두에 두지 못하게 되는 현상이다.[7] 탐색반사가 자주 일어나는 경우는 거실에 있거나, 부엌에서 있을 때 뭔가 필요하다는 생각이 나서 방으로 필요한 물건을 가지러 갔는데, 방문을 통과하여 들어가는 순간(walking through doorways causes forgetting) 머릿속이 하얗게 변하면서 '내가 이 방에 왜 왔지?' 하게 되는 경우다.[8]

치매의 전조가 아니니 걱정하지 마시라. 탐색반사를 경험한 것뿐이다. 사실 탐색반사를 가장 먼저 발견한 것은 파블로프의 개로 유명한 이반 파블로프(Ivan Petrovich Pavlov)이다.[9] 파블로프는 개에게 음식을 주기 전에 음식과 메트로놈 소리를 계속 연합시키면[10] 나중에 개가 메트로놈의 '똑딱똑딱' 하는 소리만 들어도 침을 흘린다는 것을 발견하고서 무척 흥분했다. 그래서 다른 대학 교수들에게도 꼭 이 현상을 보여 주고 싶었다. 어느 날은 약속을 잡고 모든 실험 장비와 개를 데리고 타 대학에 가서 시연회를 가졌다. 그런데 웬걸, 개가 침을 흘리지 않았다. 몇 번 더 시도해 봤지만 마찬가지였다. 개는 두리번두리번하기만 할 뿐 침을 흘리지 않았다.

실망한 파블로프는 자신의 연구실로 돌아오자마자 다시 한 번 실험을 해 보았다. 어떻게 되었을까? 개가 침을 흘렸다. 뭐지? 잠깐 잊어버렸던 건가? 파블로프는 다시 기운을 내서 이번에는 타 대학 교수들을 자신의 연구실로 불렀다. 그리고 모두 기대에 찬 눈으로 바라보고 있는 그 장소에서 다시 실험을 했다. 어떻게 되었을까? 개가 또 침을 흘리지 않았다! 그리고 이번에도 타 대학 교수들이 다 돌아간 다음에야 비로소 침을 흘렸다!

파블로프는 고민에 빠졌다. 그러다가 머릿속에 한 가지 생각이 번개처럼 지나갔다. '개가 환경을 기억하고 있구나! 타 대학에 가서 다른 환경이 되니까, 타 대학 교수가 오면서 다른 환경이 되니까 그것을 탐색하는 것에 신경 쓰느라 원래 기억했던 침 흘리는 조건을 잠시 잊었구나!'라는 생각이었다. 이 생각은 후에 사실로 드러났다. 개가 침 흘리는 조건은 메트로놈 소리가 다가 아니었다. 메트로놈 소리 이외의 모든 환경이 일정한 것도 개가 침 흘리는 조건이었던 것이다.

바로 이거다. 우리도 기본적으로 파블로프의 개와 같아서 새로운 환경이라고 판단되면 그것을 파악하느라 기존에 알던 것도 잠시 잊어버린다. 더 정확하게는 잊어버린 게 아니라, 그것에 대한 정보처리를 자동적으로 중단한다. 그런데 만약 시험 보는 환경과 공부한 환경이 너무 다르다면 어떤 일이 벌어질까? 공부한 장소의 책상과 시험 보는 장소의 책상, 공부한 장소에서 한 일과 시험 보는 장소에서 한 일, 공부한 장소의 소음과 시험 보는 장소의 소음, 공부한 장소의 조명과 시험 본 장소의 조명, 공부한 장소의 창문과 시험 본 장소의 창문, 공부한 장소의 분위기와 시험 본 장소의 분위기 이 모든 것이 다르다면 우리 뇌가 어떻게 작동할까? 공부했던 것을 출력하는 명령을 내리는 것이 아니라, 현재 달라진 환경에 빨리 적응하라는 명령을 내린다! 즉, 탐색반사를 명령한다!

탐색반사 명령을 받은 우리 뇌는 다른 것에 주의를 기울이거나 출력하는 일을 중단한다. '시험을 보는 순간 머릿속이 하얗게 되었어요.'라는 말이 바로 탐색반사가 작동하고 있음을 증명한다. 탐색반사가 진행되는 중에는 시험 문제를 읽고, 해석하고, 문제를 풀고, 추론하고, 기억을 되살리는 일을 하기가 무척 어렵다. 물론 나에게 시험 문제 풀이는 매우 중요하다. 그러나 지금 우리 뇌에게는 시험 문제 풀이가 중요한 것이 아니라, 새롭기 때문에 도사리고 있을지 모르는 위험을 찾아내고 감지하는 것이 더 중요하다. 이미 말하지 않았는가? 우리 뇌는 구석기 시대의 뇌라고. 구석기 시대에 새로운 장소는 곧 위험한 장소였기에 탐색을 하지 않을 수 없다.

그런데 뭐? 공부할 때 음악을 듣겠다고? 그냥 백색소음이라고? 나는 가사 안 나오는 클래식을 듣겠다고? 가사가 안 나오니까 방해 안 된다고? 공부할 때 뉴스를 틀어놓겠다고? 시사 상식도 배우면서 공부도 된다고? 옆에 스마트폰을 두고 친구

들과 SNS로 대화를 하겠다고? 그 정도 멀티는 가능하다고? 카
페에서 공부하겠다고? 카페에 가면 공부가 잘된다고? 해가 지
고 학원 가야 공부가 된다고? 시험 보는 환경에 해가 있을까,
달이 있을까?

시험장에 없는 것들

분명히 말하는데, 시험장에 없는 것들이 공부할 때 있다면
한 문제 더 맞을 수 있는 것을 틀리고 만다. 맥락에 부합하지
않으니 기억이 안 날 수밖에 없고, 탐색반사가 작동하니 정보
처리가 원활하지 않을 수밖에 없다. 심지어 가장 안타까운 경
우는 주관식 문제에 답을 하는데, 분명히 교과서 어디에 있었
는지도 기억이 나고, 선생님이 그때 어떤 예시를 들었는지도
기억이 나고, 내가 어떤 메모를 남겼는지도 기억이 나고, 그
주제와 관련해서 친구들과 농담하던 것까지 기억이 난다. 그
런데 정작 그 답은 기억이 안 난다. 그렇게 끙끙거리다가 종이
치고 시험이 끝난다. 끝끝내 그 답을 못 썼다. 쉬는 시간 머리
를 식히기 위해 가방에 두었던 스마트폰으로 음악을 듣는다.
바로 그 순간! 그렇게 기억나지 않던 답이 기억이 난다! 그렇
다. 그 내용을 공부할 때 귀에 이어폰을 꽂고 음악을 듣고 있
었기에 음악을 들을 때만 기억이 나는 것이다.

이것이 시험장에 없는 첫 번째 것이다. 시험장에는 이어폰

꽂고 들었던 음악, 라디오가 없다. 더 정확하게는 시험장에는 소음이 없다. 그런데 뭐? 음악을 들어야 공부가 잘 돼? 그건 그냥 공부하는 척 하고 싶었던 것이다. 공부하는 모습을 보여 주어야 당장 혼나지 않으니까. 잔소리에 노출되지 않으니까 그 상황을 모면하기 위해 오래 앉아서 음악 감상을 한 것이다. 아니면 오래 앉아서 그냥 라디오를 들은 거다.

둘째, 시험 보는 환경에는 스마트폰이 없다. 스마트폰이 울리면 볼 수 있는 환경이 아니다. 친구들과 SNS로 대화할 수도 없다. 필요하면 검색도 해 볼 수 없고, 스마트폰 계산기를 사용할 수도 없다. 그런데 뭐? 공부할 때 책상 위에 스마트폰을 계속 올려 두겠다고? 이렇게 하고는 시험에서 떨어진 후 누구를 원망할 것인가? 공부가 체질이 아니라고? 미안한데, 제대로 공부한 적이 있다고 생각하는가?

셋째, 시험 보는 환경에는 따뜻한 노란색 조명이 없다. 시험 보는 환경은 대부분 학교이고 형광등이다. 그런데 카페에서 공부를 하면 어떻게 될까? 따뜻한 조명이 있던 카페에서는 기억나던 것들이 차가운 시험장 혹은 무미건조한 시험장에서는 기억이 안 날 수밖에.

넷째, 시험 보는 환경에는 카페나 동네 도서관 혹은 독서실처럼 왔다갔다하는 사람이 없다. 모두 일렬로 앉아 있다. 이렇게 어수선한 환경에 있다가 모두가 일렬로 앉아 있는 시험장에 들어가면 어떻게 될까? 숨 막히는 분위기에 적응하는 것만으로도 지쳐서 문제를 읽지 못할 것이다. 한참 지나야 적응이 될 텐데, 그러면 이미 늦었다. 문제를 다 풀지 못하고 나오겠지. 이러고 나서 나는 머리가 나쁘다고? 핑계다.

다섯째, 시험장에는 즐거운 감정이나 행복한 감정이 없다. 대부분 약간의 긴장이나 고도의 긴장 사이다. 가장 최상의 상태라고 할 수 있는 것은 평정심 정도이다. 즐겁지도 않고, 아주 긴장하지도 않은 무미건조한 상태이다. 그런데 음악을 들으면 어떻게 될까? 음악은 감정을 담고 있다. 슬픔, 사랑, 기쁨, 우울 등의 감정을 담고 있다. 악기에도 감정이 있고, 가수의 목소리에도 감정이 있고, 음정과 박자, 높낮이에도 모두 감정이 있다. 이렇게 긍정-부정 감정을 가진 상태에서 공부하던 것들이 긴장과 무미건조함이라는 특수한 감정을 가지게 되는 시험장에서 어떻게 작동할까? 낯설 수밖에. 공부할 때 긴장과 무미건조함 사이를 유지하지 않은 사람은 시험장에서 마주하는 낯선 감정에 적응하는 것만으로도 힘이 빠질 것이다.

여섯째, 시험장에는 친구도 없고, 애인도 없다. 쉽게 말해 혼자다. 그런데 공부할 때 옆에 친구를 두겠다고? 애인을 두겠다고? 글쎄. 친구랑 있을 거라면 굳이 공부를 하지 말고 그냥 놀아라. 친구와 함께하는 공부, 애인과 함께하는 공부 그런 거 없다. 그냥 공부하는 척이 하고 싶을 뿐이다. 공부는 혼자 해야 한다. 왜냐고? 시험을 혼자 보니까. 대학수학능력시험만 혼자 보는 것이 아니다. 결국 인생에서 중요한 굵직굵직한 시험은 혼자라는 것을 기억해라. 혼자 공부할 수 없는 사람은 혼자 시험 볼 수 없는 사람이다. 결국 시험과는 거리가 먼 사람이다.

어디서 공부해야 하는가

그래서 공부는 학교에서 하기를 추천한다. 왜냐고? 대부분의 시험을 학교에서 보기 때문이다. 수능, 공무원 시험, 토익, 토플 등의 모든 시험이 학교에서 이루어진다. 여러분이 공부하는 환경은 어디인가? 학교인가? 한두 문제 맞히는지 아닌지로 당락이 결정되는 중요한 시험에서 맥락 때문에 한두 문제 틀린다면? 그건 누구 잘못인가?

밤에만 공부하지 말아라. 대부분의 시험은 오전 9시에서 오후 5시에 치러진다. 여기에 맞춰야 한다. 시간의 맥락을 이용해야 한다. 개인에게 맞는 공부 방법도 중요하지만 평가의 조건을 맞추는 과정이기도 하다. 쾌적함을 찾는 것보다 맥락을 만드는 것이 좋은 결과를 만드는 과정임을 잊지 않기를 바란다.

공교육은 지식 전달보다는 보육에 관심이 더 많고, 사교육은 이런 공교육의 단점을 파고들어 학생들에게 지식을 강요하고 있다. 이런 환경에서 갈피를 잃는 건 우리 학생들이며 우리 자신이다. 자신에게 자문할 때가 되었다. 무엇을 위해 공부하는지.

"그게 지금 내가 시험 보는 환경에 있는 건가?"

훌륭한 기억력을 지닌 사람들의 공통점은 반드시 사물을 주의깊게 관찰하는 사람이며 그것에 집중하고 훈련하는 사람이다. 어떤 사물에 대하여 열심히 알려고 하면 할수록 그 사물은 더욱 잘 기억된다. 이것은 진리이다.

- 데일 카네기

메모리 크래프트
MEMORY CRAFT

대립!!
인지심리학 VS
학원

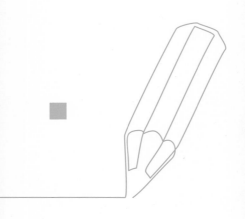

고등학교 3학년 시절, 친구들과 가장 효과적인 성적 올리기 비법에 대해서 이야기를 나눈 적이 있다. 크게 나누면 두 가지 정도였다.

하나는 과외파. 과외파의 주장은 이랬다. 개개인의 성향이 다르고, 잘하는 과목과 좋아하는 과목이 다르고, 배경지식이 다르고, 이해하는 속도가 다르며, 모르는 부분이 다르다. 이러한 개개인성을 원만하게 해결할 방법은 과외밖에 없다!

다른 하나는 학원파. 학원파의 주장은 이랬다. 학원에 가면 경험 많은 강사들이 있다. 강사들은 핵심 개념과 원리를 이해하기 쉽게 설명해 준다. 실력 있는 강사의 설명을 한 번 듣고 공부하는 것과 듣지 않고 공부하는 것은 효율이 다르다! 물론 지금이야 어플리케이션에서 동영상 강의까지 다양한 플랫폼이 등장하고 있어 더 다양한 의견이 나올 수 있다.

가슴이 아픈 건 학교파가 없었던 것이다. 그 시절에도 학교는 학력의 틈새를 메우며 성장을 준비하는 곳이 아니었던 것 같다. 막연히 아침에 눈뜨면 가는 훈련소(?)의 이미지가 더 강하다. 교육에 의무는 있었다. 권리는 못 찾은 것 같다.

물론 매우 소수지만, 회색지대도 있었다. (학교파는 아닙니다.) 회색지대의 주장은 이랬다. 그때그때 달라! 과외할 때가 있고, 학원갈 때가 있다! 필자는 개인적으로 회색지대의 주장이 마음에 들었다. 모든 것에 때가 있다니, 멋지지 않은가? 물론 내가 회색지대의 주장을 내 것으로 삼아 실천했을 리 없다. 그런데 생각해 보면 회색지대 아이들이 공부를 잘했다.

회색지대 아이들은 평소에 이렇게 공부한다. 학교에서 수업 열심히 듣고, 교육방송 열심히 듣고, 혼자 공부하고, 터득하고, 신문을 읽고, 책을 본다. 정말 대단한 자기 통제 능력이다. 지능이라는 것이 결국 자기 통제 능력이 아닌가라는 생각이 들 정도이다. 실제로 이런 연구가 있지 않은가. 자기 통제력이 성인기의 건강과 부요함을 예측하는 요인이라는 연구 말이다.[1] 회색지대 아이들은 평소 이렇게 공부했는데도 부족한 부분이 발견되면, 딱 그것에 대해서만 과외를 받는다. 그냥 무턱대고 전과목 과외를 받거나 남들 하니까 따라 하는 식으로 국영수 과외를 하지 않는다. 그리고 수능시험 마지막 한 달을 남겨 두고 인터넷 강의를 몰아서 듣거나 학원을 간다.

뭔가 느껴지는가? 과외파도 아니고, 학원파도 아닌 그들. 굳이 이름을 붙이자면 독불장군파! 학원 갈 때가 있다고 주장하는 이 친구들의 깨달음을 진작 깨달았다면 좋았을 것을. 그러나 후회한다고 뭐가 달라지는가! 이제라도 올바른 길을 걸어가 보자. 그리고 학원 가기 전에 뭘 해야 하는지 점검해 보자!

어휘력

학원 가기 전에 알아야 할 첫 번째는 어휘이다. 어휘는 모든 인지 능력의 기본이다. 어휘를 포기하겠다는 것은 인지 능력을 포기하겠다는 선언과 같다. 오죽하면 스티븐 핑커(Steven Pinker)라는 언어심리학자가 인지가 인간 심리의 왕이라면, 언어는 그 인지가 왕임을 증명하는 왕관이라고 했겠는가.[2] 인지가 인간을 인간답게 만든다면, 언어는 그 인지가 작동하게 하는 기본 토대다.

생각해 보자. 연역 추론, 귀납 추론, 인과적 추론의 시작이 어디서 시작되는가? 언어들의 조합이다. 지금 내 눈에 보이는 것을 언어로 전환하고, 지금 보이지 않지만 과거에 보았던 것을 언어로 전환하고, 이 세상에 존재하지 않는 것까지 언어로 전환하는 것이 추론의 시작이다. 그리고 이 추론은 어릴 적 동화책에서 '옛날 옛날에(once upon a time)'를 읽을 때부터 발달한다.[3] 옛날이 도대체 언제인가? 호랑이 담배 피던 시절이 뭔가? 이 세상에 존재하지 않는 것을 상상하고, 추론한다. 그러나 이것을 읽어 보지 않고, '옛날 옛날에'라는 용법을 들어보지도 못한 사람들은 상상도 없고, 추론도 없다.[4]

영어 공부를 하고 싶다고 영어 학원을 가겠다고? 좋다. 먼저 묻겠다. 영어 단어를 충분히 외웠는가? 단어를 왜 외우냐고? 그런 것은 암기식 교육이고, 한국 교육이 잘못된 방향으로 가는 것이며, 창의성을 막는 거라고? 그런가? 정말 그렇게 생각하는가? 그럼 왜 한국말은 암기식으로 배웠는가? 당신이 어떻게 한국말을 배웠는지 아는가? 엄마가 가만히 누워 있던 당신에게, "엄마 해 봐, 내가 엄마야, 엄마, 엄마." 이렇게 쉴 새 없이 암기했기 때문이다. 그럼 엄마에게 따져라. 왜 나를 암기식으로 교육해서 한국말 배우게 했냐고 말이다. 그럼 엄마가 이렇게 말할 것이다. 그렇게 안 했으면, 넌 벙어리 됐다고 말이다. 실제로 그렇다. 5세 정도까지 무조건적으로 언어를 암기해 주지 않으면 인간은 언어를 배우지 못한다.

자, 그럼 이제 다시 외국어인 영어로 넘어와 보자. 요즘 영어 공부는 문장을 만들어 보면서 공부한다나? 그런데 이걸 어쩌나. 머리에 들어 있는 어휘가 없어서 영작을 할 수가 없네. 또 요즘 영어 공부는 회화식으로 공부한다나? 그런데 이걸 어쩌나. 머리에 든 어휘가 없어서 대화가 이어지질 않네. 또 요즘 영어 공부는 토론식이라나? 그런데 이걸 어쩌나. 아무도 말하는 사람이 없네. 요즘 영어 공부는 스스로 문제를 내고 답하기라나? 학생이 돌아가면서 가르쳐 본다나? 웃기는 일이다. 머리에 단어조차 들어 있지 않은데 무슨 문제를 낼 수 있고, 뭘 가르칠 수 있을까?

어휘 없이 뭘 시작할 수 있겠는가? 단어를 외우지 못하고 뭘 할 수 있겠는가? 인간은 8세가 지나면 모국어를 제외하고는 모두 외국어다. 즉, 번역해야 한다. 물론 능숙해지면 직독직해가 가능한 수준으로 속도가 올라가지만, 번역하는 뇌 회로를 사용한다는 것은 변함이 없다. 이렇게 번역해야 하는 외국어를 외우지 않고 할 수 있을 것 같은가?

학원 가서 외우면 된다고? 물론 학원에서는 요즘 학교에서 잘 안 해 주는 암기식 단어 외우기와 단어 시험도 봐 줄 것이다. 좋다. 그런데 그거 아는가? 학원은 인정사정 볼 것 없고, 따라올 테면 따라와 봐 식이라는 것을. 쉽게 말해 매일 "10개만 외워 와."가 아니라 한 방에 100개씩 주고, 내일 시험 본다는 식이라는 것을. 이것이 뭘 의미할까? 학원은 내가 공부 잘 해 둔 것을 확인하는 곳이지, 학원에서 공부를 새로 시작하려고 하면 죽음을 맛볼 수 있다는 것이다. 피똥 싼다. 이런 애들은 꼭 학원 가 봐야 소용없다는 소리를 하거나, 그냥 공부하는 척 혹은 공부하는 느낌을 가지고 싶어서, 마음이나 편해 보자고 학원에 다니는 셈이 될 것이다.

수학에서는 어휘가 뭘까? 공식이다. 공식을 외우지 않고 학원에서 수학을 배우겠다고? 공식을 모르면 가능할 것 같은가? 학원에서 친절하게 공식 가르쳐 주고 외울 시간을 줄 것 같은가? 학원 수학은 기본적으로 유형별 문제 풀이다. 문제를 계속 풀어 간다. 학원 강사가 제공하는 문제지에는 답안지와 설명도 없다. 수업에서 적고 필기해야 한다. 쉽게 말해 혼자 숙제할 때 볼 답안지가 없다는 것이다. 소위 어렵다고 하는 수학 문제들은 공식을 두세 개 한꺼번에 적용해야 풀 수 있다. 어떤 공식을 어떤 순서로 적용해야 하는지 추론해야 하는 것이 수학 문제이다. 공식 자체를 모르면 이런 추론이 가능할까? 마치 어휘력 없이 영어 문장을 만들겠다는 것과 같다.

문제는 더 있다. 수학 문제는 한글로 표현된다. 수학 문제가 '1 + 1 = 2' 이런 식으로 나오지 않는다. 이건 계산이지 수학이 아니다. 수학은 논리이기에 언어로 표현된다. 어이쿠! 이걸 어쩌나, 문제 자체가 해석이 안 되네! 이게 수학 문제인지, 문학 문제인지, 시인지 알 수가 없네. 어쩌겠는가. 틀리는 수밖에.

학원 가면 뭔가 해결될 거라고 착각하지 마라. 학원에서 효과를 보는 사람들은 이미 혼자 공부하는 것만으로, 학교 수업 따라가는 것만으로 경지에 오른 사람들이다. 기본적으로 어휘력이 되고 공식을 다 꿰고 있는 사람들이다. 문제를 이해할 준비가 된 사람들이다. 문제를 읽자마자 답을 찾을 수 있는 사람들이다. 한국어로 써 있는 문제를 해석하는 것만으로도 시간이 걸리는 사람은 학원 가지 마라. 이게 한국어인 것 같긴 한데 무슨 말인지 모르겠네 수준은 아직 학원 갈 수 없다.

어떤가? 학생 본인이 생각하기에 지금 문제를 읽고 해석하는 것이 바로바로 되는가? 영어 단어만 보면, 그에 대응하는 한국어가 팍팍 떠오르고, 그래서 직독직해가 되는가? 또 수학 문제만 보면 공식들이 팍팍 떠오르고 어떤 순서로 대입할지 조립이 되는가? 문제를 읽으면 바로 이해가 되고, 답을 어디서 찾아야 하는지 보이는가? 된다면, 학원 가자! 그럼 엄청난 성과를 얻을 것이다. 풀리지 않았던 마지막 퍼즐 조각을 학원에서 찾을 수 있을 것이다. 아니라면, 가지 마라. 학교 잘 다니고, 혼자 공부 잘하면서 어휘력을 쌓고 공식부터 외워라. 쓸데없이 부모님 돈 낭비하지 말고.

깊은 집중력

학원에 가기 전에 준비해야 할 또 다른 능력은 집중력이다. 강의가 진행되는 동안 집중력의 끈을 놓지 않아야 한다. 장시간 한 가지에 집중할 수 있는가? 장시간 한 사람의 말을 경청할 수 있는가? 스마트폰으로 수시로 콘텐츠를 바꿔 보고, 쉽게 싫증을 내고, 자신은 창의적인 콘텐츠를 생산해 내지도 못하는 주제에 다른 사람의 콘텐츠를 평가하는 것에만 익숙해졌다면 아마 불가능할 거라 판단된다.

쉽게 말해 이 시대의 평균적인 청소년은 주의력이 높지 않다. 더 정확하게는 깊은 주의력(deep attention)을 유지할 능력이 없다. 그런데 학원에 가겠다고? 미안한데, 그냥 집에 있으면서 책을 보면서 하나에 집중하는 연습부터 해라. 하나의 텍스트에 집중하는 훈련이 먼저다. 하나의 텍스트에 한 시간 이상 집중할 수 있게 되었을 때, 바로 그때 학원에 가라.

필기술

평소에 노트 필기를 잘하는가? 다른 친구들이 내 노트를 빌려 보고 싶어 하는가? 그렇지 않다면, 일단 노트 필기를 연습하라. 노트 필기의 기본은 타인의 언어를 내 언어로 소화하는 것이다. 타인의 언어를 있는 그대로 모두 타이핑하는 것은 필기가 아니다. 가끔 노트 필기를 하지 않고 유명 강사의 강의를 녹음한 후 다시 들으면서 공부하려는 사람이 있는데, 들은 것을 또 들으려는 마음을 먹는 것 자체가 나의 경쟁자보다 뒤처졌다고 보면 된다. 경쟁자들은 한 방에 잘 들었을 테니 말이다. 강의는 한 방이다.

한 방에 강의를 잘 들으려면 필기를 잘해야 한다. 강사가 판서를 한 것과 말한 것, 즉 시각적 단서와 청각적 단서를 융합한 후 내 언어로 재조직화하는 체계적인 추론 능력이 길러져야 한다. 이런 추론 능력이 있는지 생각해 봐야 한다. 글씨를 예쁘게 쓰는 것은 중요하지 않다. 본인만 알아보면 된다.

더 문제는 필기를 할 줄 모른다는 것이다. 스마트폰으로 이미 정해진 메뉴를 찾아들어가거나 인공지능이 추천해 주는 영상을 따라가기만 했지 주도적으로 카테고리를 정하고 기록해 본 경험은 적을 것이다.

필기의 기본인 범주화와 추론이 안 되는데 뭘 할 수 있을까? 이것도 안 되는 학생들에게 무슨 과제기반, 문제기반 수업을 하는지 궁금하기는 하다. 차라리 자신의 언어로 정리하고 생각하는 법을 익숙하게 하는 것이 미래를 봤을 때 더 도움이 된다. 아마 이런 이유로 추론과 정리를 돕는 글쓰기 강의가 인기를 끄는 것이라 판단된다. 글로 정리하지도 못하는데 장시간 강의를 들으면서 필기를 하며 추론을 배우는 것은 무리가 있다. 필자의 생각은 이렇다. 아직 때가 안 됐다. 학원 가지 마라.

플래닝

공부는 혼자 하는 것이다. 친구와 함께 공부가 될 리가 없다. 학원에서의 시간은 철저하게 나 자신을 중심으로 돌아가야 한다. 수업이 끝나거나 이해가 안 되는 문제나 설명이 있을 때 바로 복습하고 확인하는 시간이 있어야 한다.

학원을 가기 전에 가져야 하는 능력은 시간 관리 능력이다. 공부는 철저히 혼자 해야 한다. 강의 전에 뭘 할 것인지 혼자 정하고, 강의 후에 뭘 할 것인지 혼자 정할 수 있는 능력이 될 때, 이렇게 고독하지만 자유롭고 스스로 계획 세우는 것이 어렵지 않을 때 학원을 다니는 것이 좋다. 카페에서 공부하는 커플을 자주 본다. 우리 솔직해 보자. 공부하는 거 아니다. 그건 연애다. 공부한다는 착각을 스스로에게 선물하지 마시라. 스스로 다잡고 공부할 수 있을 때 학원을 가는 것이 좋다. 돈 엉뚱한 데 쓰지 말고.

학군 차별에 대한 근거(?)

지능이 낮은가? 엄마, 아빠 탓이 아니다. 더도 덜도 말고, 매우 공평하게 엄마에게서도 50%, 아빠에게서도 50%이다.[5] 심지어 엄마와 아빠의 IQ 평균이 그 아이의 유전에 미치는 영향력은 50%다. 엄마 IQ가 120이고, 아빠가 IQ가 120이면, 엄마 IQ 120과 아빠 IQ 120의 합 240, 이 240의 평균인 120. 이 120의 50%인 60점이 아이 IQ에 전부일 뿐이다.

그럼 나머지 50%는 어디서 오겠는가? 예상했겠지만 환경에서 왔다. 그 아이가 성장한 경험에서 온 것이다. 이 아이가 자라 온 경험의 점수는 어떻게 계산되는가? 그건 바로 이 아이가 살아가고 있는 또래들의 지능 평균 100[6]에서 온다. 또래의 지능 평균인 100에서 50%의 영향을 받는다는 뜻이다. 또래들의 평균에서 오는 점수는 늘 50점이다. 즉, 부부의 자녀가 가지게 될 지능은 예상컨대 60(유전 50%)에 50(환경 50%)을 더한 110점일 가능성이 높다.

이 계산법을 보는 순간 어떤 느낌이 드는가? 아이들은 성장하면서 엄마, 아빠의 지능에서 벗어나 평균적인 지능에 점차 가까워진다. 엄마, 아빠 평균이 120이었다면, 중학생 무렵 아이는 110이 된다. 즉, 엄마, 아빠의 지능 평균보다 낮다. 이제 왜 초등학교 때까지 날아다니던 우리 아이가 중학교와 고등학교에 가서는 못 따라가는 아이가 됐는지 이해가 되는가? 그 시대의 평균, 그 또래의 평균으로 돌아가 버렸기 때문이다.

자! 아직 끝나지 않았다! 엄마, 아빠 지능 평균과 아이의 지
능 격차는 엄마, 아빠가 공부를 잘했을수록, 엄마, 아빠가 뛰어
난 지능을 가졌을수록 커진다. 엄마, 아빠가 모두 IQ 140이라
고 해 보자. 아이는 이 중 70점을 물려받는다. 나머지 50점은
어디서 오는가? 또래 환경에서 온다. 그래서 이 아이의 지능은
120이 될 가능성이 높다. 보라. 엄마, 아빠 IQ가 모두 120이던
자녀와 엄마, 아빠의 IQ 평균의 격차는 10점이었지만, 엄마,
아빠 IQ가 모두 140이던 자녀와 엄마, 아빠의 IQ 평균의 격
차는 20점으로 벌어졌다. 아마 이 아이는 중학교 때까지는 잘
따라가다가 고등학교 가서는 힘에 부쳐하는 아이일 가능성이
높다.

왜 우리 아이가 나 공부할 때 같지 않은지, 왜 우리 아이가
내 IQ와 다른지, 나는 중학교와 고등학교 때도 계속 잘 따라가
는 엄마, 아빠였는데 우리 아이는 왜 못 따라가는지 이제 이해
가 되는가? 평균으로 회귀하는 법칙을 거스르기 어렵기 때문
이다. 문제를 진단했으니 이제 답이 나왔다. 평균으로 회귀하
는 법칙을 거스르면 된다. 이 법칙을 거스르려면 어떻게 하면
될까?

방법은 하나다. 내 아이를 또래들 IQ가 높을 것으로 예상되
는 환경으로 보내면 된다. 축구를 잘하려면 축구 잘하는 사람
들이 모여 있는 곳에 가야 하고, 미술을 잘하려면 미술 잘하는
사람들이 모여 있는 곳에 가야 하고, 음악을 잘하려면 음악 잘

하는 사람들이 모여 있는 곳에 가야 한다. 당연한 이야기지만 쓸쓸하다. 학군이라는 말이 괜히 나온 게 아니다.

　그리고 학원에 가고 싶다고 다 가서는 안 된다. 학원은 불안해서 가는 곳도 아니고, 친구 따라 가는 곳도 아니다. 99%를 달성한 사람이 마지막 1%를 채우기 위해 가는 곳이다.

　　　　　"학원은 점수를 올릴 수 없다."

과거를 기억하지 않는 사람은 그것을 반복하는 사람이다.

– 조지 산타야나

메모리 크래프트

MEMORY CRAFT

골든타임을
지켜라

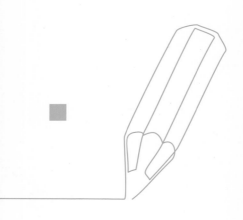

머리 터지도록 공부했다. 주말 집중반 수업을 듣고 있다. 하루 동안 6시간 연속으로 수업을 한다. 첫날은 너무 힘들었지만 이제 적응이 된다. 그래도 6시간 수업을 듣고 난 후에는 머리가 멍해지고 뭘 배웠는지 생각이 안 날 때가 있다.

그래서 수업이 끝난 후에 나 자신에게 상(賞)을 준다. 영화를 한 편 보러 간다. 주말이라 혼자 극장에 들어가는 것이 좀 뻘쭘하지만 6시간이나 집중해서 공부를 했는데 두 시간 정도 여유를 주는 건 더 오래 달리기 위한 치밀한 나의 계획이다. 아직 수업이 끝나지는 않았지만 시원한 영화관은 분명 커다란 행복을 선사할 것이다.

오늘 수업 시간에는 내가 잘 모르던 것이 나왔다. 그런데 선생님이 너무 설명을 잘해 주셔서 속이 다 시원할 정도였다. 막혔던 체증이 한 방에 뚫렸다. 기분이 들뜬다. 수업 중에 그동안 못 풀었던 연습 문제를 펼쳐보았다. 단번에 풀이 방법이 유추된다. 수업이 끝났다. 기분이 들떠서 그런가 친구들과 음

료수 한 잔 해야겠다. 저녁에 한 번 다시 풀어 봐야지. 분명 풀
릴 것이다.

그동안 난 벼락치기로 살아왔다. 시험을 일찍 준비해 본
적도 있지만 벼락치기와 큰 차이가 없었다. 시험 전날의 긴장
감만이 나의 두뇌를 깨운다. 어차피 미리 공부해 봤자 다 까먹
는다. 슬슬 정리 정도만 하고 있자. 전속력을 냈을 때 더 잘 이
해가 된다. 시험 직전에 달린다. 이 방법이 제일 효과가 좋다.

대부분 이렇게 공부를 한다. 한 달 전부터 공부를 한다고 하
면 유난을 떤다고 하고, 1년을 준비한다고 하면 상대방의 두뇌
를 의심한다. 하지만 앞 방법은 공부라고 할 수 없다. 시험의
노예가 될 수밖에 없는 함정에 스스로 빠지는 것이다. 공부의
목적은 필요한 순간에 머리 속에서 꺼내는 것이다. 더 좋은 결
과와 문제 해결을 위해 뇌 근육을 단련하는 것이다. 시험 때만
기억나는 공부라면 필요한 순간에 써먹지도 못하고 잊어버릴
것이다. 그래서 대부분 시험이 끝나고 긴장이 풀리자마자 공
부한 모든 것이 싹 포맷되는 것이다.

방금 전에 배운 것도 기억 안 난다!

'지식을 쌓는다'는 것은 결국 '기억하다'라는 말로 귀결된다.

즉, 내가 무언가 지식을 얻었다는 것은 무엇인가를 기억했다는 의미다. 그리고 이렇게 지식을 쌓는 과정, 다른 말로 기억하는 과정을 우리는 공부라고 부른다.[1] 조금 어려운 말로 하면, 지식이란 '체계화된 기억'이다.[2] 그리고 공부는 '체계적으로 무언가를 기억시키는 정보처리 과정'이다.[3]

문제는 이 기억이 쉽게 형성되지 않는다는 것이다. 때로는 방금 배웠는데 뒤돌아서면 기억이 안 난다. 이건 개인의 문제가 아니다. 치매의 전조 증상도 아니니 너무 걱정하지 마시라. 금방 잊어버리는 것은 인간 모두의 문제다. 대부분의 인간은 방금 배운 것을 잘 기억하지 못한다. 또 기억했다고 해도 다른 것과 짬뽕되서 왜곡되기 십상이다.

얼마나 금방 잊어버리느냐고? 놀라지 마시라. 방금 전 인터넷으로 강연을 하나 보았다. 집중해서 들었고 필기도 했다. 머릿속이 꽉 찬 느낌이다. 시험 보면 100점 받을 것 같다. 실제로 20분 후에 시험이 있다. 당신은 20분간 당을 보충하기로 결심하고 간단하게 빵과 우유를 꺼내 먹고 잠시 휴식을 취한다. 드디어 20분이 지나고 퀴즈가 시작된다. 자신 있다! 드디어 시험 끝! 몇 점을 받았을까? 100점? 아니, 아니. 60점을 받았다! 이게 무슨 말이냐고? 빵과 우유를 먹는 20분 사이에 40%의 정보를 잊어버린 것이다![4]

같은 강연을 들은 다른 친구에게는 더 심각한 일이 벌어졌다. 방금 집중해서 보던 인터넷 강의가 끝났다. 한 시간 후에 퀴즈가 시작된다. 머리가 아파서 잠깐 TV를 보기로 했다. 그리고 한 시간 동안 쉬었더니 지끈거리는 느낌도 사라지고 컨디션도 좋아졌다. 불과 한 시간 전에 들은 강의인데, 잊어버리면 얼마나 잊어버렸겠는가? 이렇게 자신감 있게 시험을 보았는데, 결과는 어땠을까? 40점을 받았다. 낙제다! 한 시간 사이에 60%의 기억이 사라졌다![5]

기억의 골든타임

이것은 헤르만 에빙하우스(Hermann Ebbinghaus)라는 독일 심리학자가 수행한 실험을 현대적으로 각색한 것이다. 이 학자의 발견을 요약하면, 인간은 방금 배웠더라도 당장 복습하지 않으면 20분 만에 40%를 망각하고, 60분 만에 60%를 망각하고, 하루가 지나면 70%를 망각한다.[6]

이 연구의 핵심은 인간의 망각이 정보 습득 초기에 매우 급격하게 이루어진다는 것이다. 즉, 20분 만에 이미 40% 소실되고, 한 시간 만에 60%가 날라 간다. 인간은 분명 돌아서면 잊는다. 인간이면 누구나 그렇다. 그렇다면 앞서 제시한 예의 사람들이 강의를 듣자마자 20분 내에 혹은 한 시간 내에 했어야 했던 일은 뭘까? 바로 복습이다.

영화보다, 친구들과 수다를 떨기보다 먼저 했어야 하는 일은 바로 노트 필기를 통한 복습이다. 그래야 복습하지 않은 20분 후에 오게 될 40%의 망각을 막고, 복습하지 않은 한 시간 후에 오게 될 60%의 망각을 방비할 수 있다. 외상 응급환자를 대상으로 한 초기대응에도 골든타임이 필요하듯 기억의 망각을 막기 위한 초기대응에도 골든타임이 필요하다.

이 골든타임이 몇 분이냐고? 앞에 있다! 벌써 잊어버렸는가! 수업을 들은 직후부터 망각이 바로 시작된다. 그리고 10분 만에는 30%가 소실된다. 그럼 언제부터 복습을 해야 하는가? 수업 듣자마자(사실 이게 골든타임). 한 5분 정도 화장실 갔다 오고 나서 바로 복습해야 한다(2차 골든타임). 이 타임을 놓쳤더라도 20분 이내에 복습을 시작해야 한다(많이 양보했을 때 골든타임). 20분도 놓쳤다면 한 시간 이내에는 반드시 복습해야 한다(더 이상 양보하기 힘든 골든타임).

지식의 유통기한

복습의 골든타임을 지키는 효과는 놀랍다. 아무리 양보해도 한 시간 안에 복습을 한 정보는 하루가 지나도 유지되는 기억으로 전환된다. 즉, 20분 만에 40%가 소실되던 지식의 유통기한이 하루로 늘어난다. 이렇게 하루 유지된 지식을 하루 후에 다시 복습하면 어떻게 될까? 이제는 2일 유지되는 기억이 된다. 다시 2일 후에 복습하면? 4일 유지되는 기억이 된다. 다시 4일 후에 복습하면 8일 유지되는 기억이 된다. 8일 후에 복습하면? 16일 유지되는 기억이 된다. 또 16일 후에 복습하면 이제 거의 완전한 장기기억으로 전환된다. 물론 개인차가 있기에 32일 후에도 한 번 더 복습하는 것이 유통기한이 무제한이 되는 기억을 만드는 것에 유리할 것이다. 수학의 '수열'이 기억난다면 기억의 공식은 '수열'이다.

자! 지식 하나가 완전한 기억이 되기까지 얼마나 걸렸는가? 1(첫날 복습) + 1(다음 날 복습) + 2 + 4 + 8 + 16 = 32일이 걸린다. 즉, 지식 하나가 다시는 잊어버리지 않는 장기기억이 되기 위해서는 최소 1달이 걸린다. 만약 이 모든 과정을 완수하지 않으면 어떻게 될까? 한 시간 내에 복습하는 데는 성공했지만 그 다음날 복습하는 것을 실패했다면? 그 다음 날 복습하는 것까지 성공했지만 2일 후에 복습하는 것에 실패했다면? 아쉽게도 그동안의 노력이 다 헛수고가 된다.

망각은 충분히 공부하지 않아 생기는 현상이다. 한 가지 지식이 완벽히 내 것이 되려면 한 달이라는 시간 간격 안에 굉장히 체계적인 계획을 가지고 복습했어야 하는데, 그것을 해 보지도 않았고, 하는 법도 몰랐다. 인간이라면 이렇게 한 달이나 간격을 두고 아등바등 복습해야 간신히 기억한다. 그게 인간이다.

벼락치기를 과학적으로 증명하면 다음과 같다. 수업 후에 복습을 안 했으니 지식은 0%에서 시작했고, 하루 전에 공부해서 잘 기억할 것 같은 느낌은 들었지만, 시험 보기 직전에는 결국 20분 이상의 간격이 발생하면서 40% 이상을 잊어버렸을 것이다.

그런데 한 달 이상을 보면서 체계적인 계획을 세우고 간격을 두면서 공부한 사람들은 기억을 100% 유지할 뿐만 아니라 평생 가는 기억을 만들었을 것이다. 제대로 된 공부는 우릴 배신하지 않는다. 이래야 하나 싶은 그 이상으로 과도하게 학습해야 한다.[7] 과학습(overlearning)이라는 말이 인지심리학 분야에서 괜히 생겼겠는가. 이러한 증명은 대부분 과학적으로 입증된 이론이다. 그런데 아직도 벼락치기가 학습에 유용하며 효과가 있다는 실험과 증명은 한 번도 본 적이 없다.

아마 오늘 열심히 했기에 뿌듯할 수 있다. 하지만 체계적이며 지속적인 노력 없이는 성과를 기대할 수 없다. 또한 노오력 만으로 만리장성을 만들 수도 없다. 제대로 된 방법을 모른다면 원하는 성과를 얻을 수 없다. 피땀뿐만 아니라 제대로 된 방법이 또한 중요하다.

간격을 두고, 독특하게

복습의 골든타임만 살려도 효과가 충분하지만, 복습의 골든타임과 함께 사용하면 엄청난 시너지를 발휘할 수 있는 방법이 있어 소개한다. 하나는 간격 효과(spacing effect)이고, 또 다른 하나는 독특성 효과(distinctiveness effect)이다. 사실 별개의 연구를 통해 발견되었지만 하나처럼 활용하는 것이 좋다.

먼저 간격 효과란[8] 한 과목을 같은 시간을 공부하더라도 하

루에 몰아서 6시간을 공부하기보다는 월, 화, 수, 목, 금, 토 6
일 동안 하루 한 시간씩 6시간을 공부하는 것이 더 효과적이
라는 뜻이다. 가령 국어 시험공부를 하는데, 국어만 하는 날을
하루 정해 6시간을 집중 포화(massed learning)하기보다는 6일
을 나눠서 하루 한 시간씩, 아니면 3일을 나눠서 하루 두 시간
씩 분산 투자(distributed learning)하는 것이 기억에 유리하다.[9]
　복습의 골든타임과 간격 효과를 연결하면 어떻게 될까? 일
단 그날 배운 과목은 배운 그날에 복습의 골든타임을 지켜서
복습하라. 그 시간이 하루 2~3시간이 될 필요는 없다. 일단
복습하고, 하루를 보낸 후 또 2~3시간 정도 복습하라. 그리고
다시 이틀 후, 그다음엔 4일 후에 간격을 두고 2~3시간 복습
하라. 그럼 한 달 후에는 평생 가는 기억이 되어 있을 가능성
이 높다.[10]
　다음으로 독특성 효과란 같은 과목을 계속 공부하는 것보다
는 일정 시간 간격을 두고 다른 주제의 과목을 공부하는 것이
기억 형성에 유리하다는 것이다.[11] 이는 우리 뇌가 새로운 것
에 자연스럽게 주의를 기울이는 성향을 이용하는 것인데, 쉽
게 말해 과학 공부를 두 시간 하고 난 후 계속 과학 공부를 하
면 뇌의 주의집중력이 떨어지기 마련이다. 비슷한 주제에 흥
미를 느끼지 못한다. 그런데 이때 과목을 국어나 사회로 바꾸
면 어떻게 될까? 주제 전환에 흥미를 느낀 뇌가 다시 한 번 집
중력을 발휘하여 공부를 시켜 준다.
　여기서 중요한 것은 새로운 환경은 새로운 주의력을 만들어

준다는 사실이다.[12] 주의력은 새로운 기억 형성에 매우 필요한 요소이다. 뭔가 한 주제에 집중하느라 힘이 빠져 갈 때 계속 그 주제를 보는 것은 그야말로 비효율적이고 우리 뇌의 특성에 반하는 것이다. 주제를 전환하라. 그러면 우리 뇌도 새로운 힘을 만들어 줄 것이다.[13]

그럼 이제 복습의 골든타임과 간격 효과와 독특성 효과를 통합해 보자. 먼저 그날 배운 것은 그날 복습한다. 그날 공부한 과목이 국어, 세계사, 과학이라면 그날 시간표에 있었던 순서대로 한 시간씩 복습한다. 그리고 다음날 일단 그날 배운 새로운 과목 영어, 국사, 수학을 한 시간씩 복습하라. 그 후 전날 배운 것을 복습하는데, 국어만 3시간 하지 말고 국어 한 시간 하고, 전혀 주제가 다른 과학을 한 시간 하고, 그다음 전혀 주제가 다른 세계사를 한 시간 하라. 즉, 6개를 다 다른 것으로 편성하라.

이렇게 해 두면 국어, 과학, 세계사의 지식 유통기한은 4일이 되었다. 즉, 주말까지 다른 공부에 집중하면 된다. 그리고 다음 날은 그 다음 날 배운 새로운 과목 복습과 2일차에 배웠던 영어, 사회, 수학을 복습하여 지식 유통기한을 4일로 만들면 된다. 이렇게까지 해야 하냐고? 그렇다. 학기 시작하자마자 이렇게까지 해야 하고, 그 이상 해야 한다.

느낌 따르면 망한다

실제로 이렇게 간격을 두고 독특하게 공부한 사람은 그렇지 않은 사람보다 성적이 좋을 수밖에 없고, 공부의 질이 좋을 수밖에 없고, 시험 때만을 위한 공부가 아니라 나중에 진짜 필요할 때 쓸 수 있는 공부가 될 수밖에 없다. 즉, 모든 노력이 100%, 그 이상의 결실을 맺는다. 그러나 벼락치기를 고집한 사람들의 마지막은 처참하다. 시험도 생각보다 잘 보지 못하고, 시험 보고 나서 다 잊어버려 정작 필요할 때 사용하지도 못한다. 모든 노력을 수포로 만들어 버린다.

그럼에도 벼락치기를 고집하게 되는 이유는 뭘까? 이것은 느낌적인 느낌 때문이다. 한 연구에서 벼락치기를 한 사람들과 간격을 두고 독특하게 공부한 사람들을 대상으로 (기대하는) 예상 시험 점수를 써 보게 했다. 누가 점수가 더 높게 썼을까? 오! 이런……. 벼락치기를 한 사람들의 점수가 압도적으로 높았다.[14] 오히려 간격을 두고 독특하게 공부한 사람들이 시험을 잘 볼 것 같은 느낌이 별로 없었다.

하지만 벼락치기는 느낌적인 느낌을 준다. 머릿속이 꽉 찬다. 100점이 남의 이야기가 아니다. 그런데 결과는 전혀 다르다. 평소에 간격에 두고 독특하게 공부한 사람은 100점을 받지만, 벼락치기는 60~70점의 성취도밖에 보이지 못한다. 그리고 더 중요한 문제는 시험이 끝난 후 공부한 내용의 디테일을 기억하는 부분에서 벼락치기는 0점에 가까워지지만, 평소에 공부한 사람은 여전히 100점을 유지한다. 당장 정보를 사용할 수 있다는 느낌과 진짜 정보를 필요할 때 끄집어내서 사용할 수 있다는 것은 다르다. 느낌은 아무것도 보여 주지 않는다. 심지어 잘할 것 같다는 느낌, 성공할 것 같다는 느낌은 못함과 실패를 예측한다. 오히려 진짜 열심히 한 사람들은 못할 것 같고 실패할 것 같다고 느끼지만, 오히려 이런 느낌이 우수한 성과와 성공을 예측한다. 느낌적인 느낌을 따르지 말라. 공부의 원리, 공부의 법칙을 따르라.

"이렇게까지 해야 되나 싶은,
그 이상으로 간격을 두고 독특하게 복습하라!"

메모리 크래프트

MEMORY CRAFT

8장 **리추얼**

집중이 안 된다고?
안 하는 거겠지!

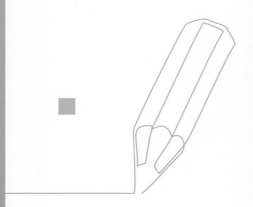

"**저**도 정말 공부하고 싶거든요. 근데 집중이
안 돼요."

"저도 정말 강의에 집중하고 싶거든요. 근데 선생님 말씀이
귀에 잘 안 들어와요."

학생들에게 자주 듣는 말이다. 그리고 참 답답한 말이다. 우
리 학생들 도대체 언제 집중할 수 있을까. 그들 때문인지 집중
을 못 시키는 선생님의 책임인지 가끔 그들의 말이 가슴을 후
벼 팔 때가 있다.

수업의 풍경

강의실에서 학생 한 명 한 명을 관찰한 적이 있다. 교수인
필자를 바라보는 학생도 있고 칠판의 PPT 화면을 보는 학생
도 있다. 집중할 준비를 하고 있다. 아니, 더 정확하게는 의도

적으로 집중하려고 노력하고 있다. 하지만 반대쪽에선 교수가 안 보일거라 생각하고 스마트폰을 켜거나 잠을 청하기 위해 기댈 곳을 찾고 있다. 근데 교수가 되어 보니 확실하게 말할 수 있다. 학생들이 뭘 하는지 다 보인다. 저러한 배짱과 지혜를 공부하는 데 발휘하면 뛰어난 성취를 이뤘을 것이다.

신기한 것은 수업 시작 전의 이러한 풍경이 수업을 마칠 때까지 그대로 이어진다는 것이다. 의도적으로 집중하려고 노력했던 학생은 계속 그 상태를 지속하며 뭔가 굉장히 큰 깨달음을 얻은 것 같은 만족스런 표정으로 강의를 마친다. 수업 내내 졸았던 학생은 잠이 덜 깬 상태에서 자리에서 일어나고, 숨어서(?) 스마트폰을 보던 학생은 이제 대놓고 스마트폰을 보는 것으로 수업을 마친다.

이런 학생들의 자세는 강의 평가에서도 나타난다. 개인적인 경험이지만 아마 대부분의 교수들도 동의할 것이다. 수업에 집중을 잘했던 학생일수록 강의를 긍정적으로 평가한다.

게임과 웹툰

지하철을 타고 있으면 집중을 못하겠다는 말이 얼마나 얼토당토한 말인지 알게 된다. 지하철, 생각보다 시끄럽다. 그런데 유튜브에 집중하고 게임과 웹툰에 집중한다. 누가 시키거나 과제가 있는 것도 아니다. 그런데 검색하는 수고를 아끼지 않고 요일별 웹툰에, 보고 싶은 동영상을 찾아 몰두의 시간을 갖는다. 심지어 수고라고 생각조차 하지 않고 굉장한 의도를 가지고 열심히 그 일을 한다.

이 장면은 여러가지를 뜻한다. 영상을 볼 마음의 준비는 늘 되어 있고, 웹툰을 볼 마음의 준비도 늘 되어 있고, 게임을 할 마음의 준비도 늘 되어 있는데, 수업을 잘 듣고 시험공부를 미리미리 시작할 마음의 준비는 되어 있지 않다는 뜻인가? 비슷하지만 틀렸다. 마음의 준비는 '누군가에 의해 되는 것' 혹은 '하늘에서 뚝 떨어지는 계시'가 아니라, '내가 의도를 가지고 하는 것' 혹은 '내가 집중하려고 노력하는 것'임을 말한다!

사람들이 재미있다고 기대되는 영화를 보러 가는 과정을 생각해 보자. 영화가 집중을 시켜 주었는가? 아니면 관객들이 의도적으로 집중력을 발휘했는가? 수동태인가? 능동태인가? 대부분 의도적으로 집중력을 발휘했음을 알 수 있다. 표를 예매하고, 시간에 맞춰 영화관에 가서 기다리고, 영화 보는 것을 기다리면서 간식거리나 음료를 준비하고, 10분 전에 입장해서 영화의 첫 장면을 놓치지 않기 위해 굉장히 집중한다. 그런데 마치 사람들은 자신의 이러한 의도적 집중과 의식적 노력은 기억하지 못하고 영화가 몰입을 시켜 준 것처럼 말하고 평가한다.

의도적 집중을 방해하는 요물, 스마트폰

10대와 20대는 손에서 스마트폰을 내려놓지 못한다. 스마트폰을 집에 두고 오기라도 하면 불안 증세가 나타나 안절부절 못한다. 10대와 20대의 스마트폰 사용 실태에 대한 조사 결과는 충격적이다.[1] 10대와 20대는 한 시간당 매체를 전환하는 빈도가 평균 27회이다. 즉, 영상을 보다가 SNS를 보다가 웹툰 보다가 메시지 보내다가 뉴스 보다 하는 것을 한 시간에 적어도 27회를 한다. 이를 분 단위로 계산해 보면 2분에 한 번 꼴로 매체를 전환한다는 계산이 나온다.

10대와 20대가 하루에 휴대전화를 확인하는 빈도는 적게 확인하는 사람이 150회, 많이 확인하는 사람은 190회로 나타났다. 5분에 한 번 꼴로 아무 일도 없는데, 즉 전화가 오거나 메시지가 온 것도 아닌데, 그냥 스마트폰에 뭔가 변화가 없는지 탐색한다. 10대와 20대가 하루에 소비하는 미디어의 용량은 34기가바이트인데, 영어 단어로 환산하면 10만 개에 달한다.[2] 우와! 이렇게 미디어를 과소비하는 시간에 영어 단어를 외웠다면 영어 박사가 되고도 남았을 것이다.

진짜 문제는 따로 있다. 바로 10대와 20대가 스마트폰으로 매체를 자주 전환하는 과정에서 형성되는 뇌의 나쁜 습관이다. 첫 번째 문제는 한 가지 일에 의도적으로 집중하면서 생산성을 높이거나 학습을 지속하는 경향성이 계속 줄어들고 있다는 것이다. 너무 당연한 이야기지만, 이러한 경향이 학생에게는 학업 성취도 하락으로 이어지고[3], 직장인의 경우 생산성 하락으로 이어진다.[4]

두 번째 문제는 스마트폰을 10대 이전부터 과도하게 소비한 세대에게 사라진 줄로만 알았던 문맹 경향성이 나타난다는 것이다. 현 시대를 살고 있는 10대와 20대의 어휘력과 표현력, 이해력은 과거에 비해 현저히 낮다. 겉모습은 성인이지만, 이들에게 정말 성인이 사용하는 용어를 사용하거나 조금이라도 전문지식을 사용하여 이야기하면 대화가 더 이상 진행되기 힘들다. 언제나 초등학생에게 이야기하는 것처럼 아주 쉬운 단어를 사용해야 한다. 쉽게 말해 현재 10대와 20대 대부분은 초등학교 저학년 수준의 언어가 아니면 해독이 불가능하다.[5]

세 번째 문제는 주의를 분산시키는 매체로 주로 사용되는 스마트폰이 근처에 있다는 것만으로도 뇌가 집중할 수 없게 되어 버린다는 것이다. 스마트폰이 내 손이 닿는 곳에 있다는 것을 아는 사람은 자꾸만 주의가 분산되어 학업 혹은 업무에 집중할 수 없다.[6] 심지어 스마트폰을 꺼내 놓고 회의를 하면 건설적인 논의가 이루어지지 않고 논의가 겉돌며, 친구나 애인과 대화를 할 때 스마트폰을 꺼내 놓고 있으면 주의가 분산되어 의미 없는 대화를 이어가다가 결국 관계의 질이 하락하고 만다. 이것이 얼마나 문제이던지 아이폰 효과(i-phone effect)라는 이름까지 붙었다.[7] 카리스마 있는 사람, 존재감 있는 사람이 되기 위해서는 그 상황에 의도적인 집중을 기울이

면서 의미 있는 대화를 해야 한다는 연구가 있는데, 스마트폰
은 이 모든 것을 방해하고 있다.[8]

　네 번째 문제는 일단 시작한 의도적 집중이 스마트폰으로
인해 깨어지면 다시 집중하기가 어렵다는 것이다. 우리가 마
음을 잡고 의도적 집중을 시작하여 무언가에 몰입하게 되기까
지는 2~3분 정도가 반드시 필요하다.[9] 그런데 공교롭게도 스
마트폰으로 매체를 전환하고 싶어지는 데 걸리는 시간도 2~3
분이다. 만약 나에게 중요하고 생산적인 일에 2~3분의 에너
지를 사용하여 집중을 시작했음에도 2분에 한 번 찾아오는 스
마트폰 사용 습관의 공격에 굴복한다면, 그 전의 노력은 물거
품이 된다.[10] 다시 집중하려면 다시 마음을 잡는 데 20~30분
이 소비된다.[11] 만약 당신이 하루 종일 이런 일을 반복하고 있
다면 생산성 있는 사람, 성취도 높은 사람이 되기는 한계가 있
을 수 있다.[12]

집중은 '하는 것'

　집중은 환경에 끌려서 되어지는 것이 아니라 자발적으로
'하는 것'이다. 여가를 즐길 때는 여가 활동이 집중을 '시켜 주
는 것' 같은데, 업무나 공부를 할 때는 집중이 저절로 되지 않
는다. 이런 오해는 조금만 생각해 보면 알 수 있다. 여가 활동
은 스스로 집중하려고 의도적으로 노력한 것이고, 업무나 공

부는 능동적으로 노력하지 않은 것이다. 웹툰을 찾아 들어갈 때처럼, 영상을 찾아 들어갈 때처럼, 영화의 첫 5분을 놓치지 않기 위해 노력할 때처럼 일과 공부도 그렇게 의도적으로 집중해야 한다.

여가와 업무의 집중하는 원리가 동일하다는 것을 깨닫지 못한 사람의 성과가 좋을 수 없다. 업무 환경이 집중을 방해하고 있다는 핑계만 대고 있을 가능성도 높다. 왜 휴가 때는 능동적으로 집중하면서 업무에는 의식적으로 집중하지 않는가? 일이나 공부를 할 때는 특별한 마음의 준비가 필요하다고? 거짓말이다. 그냥 여가를 즐길 때처럼 의도적으로 시작하면 된다. 의도적으로 자리에 앉아서 집중하기 시작하고, 책을 읽기 시작하고, 문제를 풀기 시작하면 된다. 강의에 집중하고, 필기에 집중하고, 핵심을 놓치지 않기 위해 노력해야 한다. 근데 여기에는 뭔가 특별한 계시가 있어야 될 것처럼 생각하니까 힘들게 느껴지는 것이다.

집중 제1원리

너무 집중한 나머지 시간, 공간, 자의식이 왜곡되는 몰입(flow)의 전문가 미하이 칙센트미하이(Mihaly Csikszentmihaly)가 강조한 것도 바로 이것이다[13]. 시간이 빨리 갔다고 느낄 정도로 집중하고, 내가 어디에 있는지 잊어버릴 정도로 집중하고, 내가 하던 걱정과 근심을 잊어버릴 정도로 집중하는 몰입의 시작에는 의도적으로 집중하는 시간이 존재한다[14]. 10분이 될 수도 있고, 5분이 될 수도 있다. 그러나 분명한 것은 10분이라는 의도적 집중 시간이 있었기에 엄청난 몰입을 경험하게 된 것이다.

버스나 전철에서 유투브 영상을 보다가 너무 몰입한 나머지 내려야 하는 정류장을 지나친다. 이유가 뭘까? 영상의 몰입감이 너무 높아서인가? 물론 일부 영향이 있었다. 그러나 더 근본적인 원인은 스스로 시작부터 그 영상에 의도적으로 집중했다는 것이다. 운전자들이 라디오의 사연에 너무 몰입한 나머지 빠져나가야 하는 나들목이나 갈림목을 지나쳤는가? 이것도 일부 라디오의 사연이 재미있었기 때문이기도 하다. 그런데 그 근본에는 그 라디오 채널을 찾기 위해 버튼을 누르는 의도적인 노력, 그 라디오 사연에 귀를 기울이려는 의도적 노력이 있었음을 잊어선 안 된다.

이것은 현대심리학의 창시자 윌리엄 제임스(William James)가 집중(attention)에 대해 이야기한 것이기도 하다. 윌리엄 제임스는 심리학계의 바이블 『심리학의 원리(The principles of psychology)』에서 집중을 두 가지로 정의한다.[15]

첫째, 집중(attention)이란 동시에 가능한 여러 사고 대상이나 사고 대열 중에서 하나만 뚜렷한 형태로 소유하는 것이다.

이는 환경이 있는 정보에 대한 집중을 염두에 둔 정의로 우리 환경에 수많은 정보가 있지만, 그중 하나에만 집중하기로 결정했다는 뜻이다. 매우 의도적으로 말이다. 마치 수많은 환경의 자극이 있지만, 그 웹툰에 집중하기로, 그 웹소설에 집중하기로, 그 영상에 집중하기로 하는 것처럼 말이다. 공부나 일도 그렇게 하면 된다. 환경에 수많은 정보가 있지만, 그 공부와 그 일에 집중하기로 결정하고, 그 공부와 일을 시작하면 된다. 이것이 바로 여러 사고 대상이나 대열에서 하나만 뚜렷한 형태로 소유하는 것의 의미이다.

둘째, 집중이란 어떤 문제를 효과적으로 다루기 위해 다른 모든 것들로부터 후퇴하는 것이다.

이는 환경에서 직면한 문제를 해결하기 위해 내 안에 있는 지식을 사용하는 것을 염두에 둔 정의이다. 예를 들어, 깨진 유리컵을 치워야 하는 문제에 직면했다. 이때 우리는 내 안에 있는 수많은 지식 중 깨진 유리컵을 치우는 것과 관련된 지식에만 집중하게 된다.

유리를 손으로 막 집어서는 안 된다. 일단 큰 조각들을 빗자루로 쓸어 쓰레받기에 담아야 한다. 쓰레받기에 담은 유리 조각들은 신문지를 몇 장 겹친 것 위에 놓아야 한다. 미세한 유리가루들이 있을 수 있으니 청소기로 빨아들여야 한다. 청소기로 해결이 안 된 것이 있으니 물걸레로 한 번 훔쳐야 한다. 내 안에 수많은 지식이 있다면, 바로 이 지식을 끄집어 내는 것에만 의도적으로 집중하는 것이다. 이것이 바로 어떤 문제를 효과적으로 다루기 위해 다른 지식들로부터는 후퇴한다는 것의 의미이다.

이러한 몰입의 원리는 사이먼스(Daniel Simons)와 차브리스(Christopher Chabris)라는 연구자들에 의해 수행된 '보이지 않는 고릴라[16]' 실험에서도 확인된다.[17] 연구자들은 흰 티셔츠를 입은 학생 세 명이 한 팀이 되고, 검은 티셔츠를 입은 학생 세 명이 한 팀이 되어 흰 티-검은 티-흰 티-검은 티 이런 식으로 원을 그리며 늘어선 후, 같은 팀 끼리만 농구공을 주고 받게 하는 영상을 찍는다. 이렇게 찍은 영상을 또 다른 학생들에게 보여 주면서 흰 티셔츠를 입은 사람들이 농구공을 몇 번 주고받는지 세게 한다. 정답은 15번이다.

그런데 문제는 이게 아니다. 문제가 끝난 줄 알았던 학생들에게 새로운 문제가 등장한다. "고릴라를 봤습니까?" 이게 무슨 뜬금없는 소리인가? 고릴라라니. 많은 학생이 고릴라를 보지 못했다고 대답하거나, 질문 자체를 이해하지 못한다. 그 순간 장난기 많은 연구자들은 영상을 다시 보여 준다. 그랬더니 웬걸, 내가 열심히 패스 횟수를 세고 있는 중에 화면 오른쪽에서 고릴라 복장을 한 사람이 나타나더니 가슴을 두드리는 시늉까지 하고 반대쪽으로 사라진다.

이것이 바로 하나만 뚜렷한 형태로 소유하거나 다른 지식들을 후퇴시키는 집중 상태에서 나타나는 현상이다. 우리 눈의 망막에는 분명히 지나갔을 법한 거대한 고릴라도 못 보게 하는 것이 우리의 의도적 집중의 힘이다!

선택적 집중의 혜택

일상에서 선택과 집중이라는 말을 자주 한다. 집중할 것을 선택한다는 의미이다. 이런 말을 이미 쓰고 있었으면서 '집중을 시켜달라고' 말한다니 굉장히 이상하지 않은가? 집중은 개개인이 선택해야 하는 것이지, 시켜주는 것이 아님을 다시 한번 알게 된다. 집중할 것을 선택하여 일정 시간 의도적으로 집중하다 보면 시간, 공간, 자의식이 사라지는 몰입을 경험하게 될 것이고, 그 사이에 뭔가 건설적인 결과물이 만들어져 있을 가능성이 높다.

동일하게 한 시간을 투자하더라도 의도적으로 집중한 사람이 그렇지 않은 사람보다 생산성이 높고, 동일하게 한 시간을 투자하더라도 의도적으로 집중한 사람들은 그 이후 몰입을 경험하면서 시간이 빨리 갔다고 느낄 확률이 높고, 동일하게 한 시간을 투자하더라도 의도적으로 집중한 사람들은 몰입을 경험하면서 창의성을 발휘할 확률이 높아진다.[18] 예술가들도 이러한 의도적 집중과 그다음 순간에 찾아온 몰입을 경험한 후에 창의적 업적을 남기는 경우가 많다.

공부와 일에 의도적으로 몰입하다 보면 어느덧 자신이 의도적 집중을 했었다는 것까지 잊어버리는 몰입의 상태가 된다.

그러면 이 상태에 접어든 사람이 옆 사람이 떠들던 말든, 옆에 있는 커플이 뽀뽀를 하든 말든, 옆에 있는 아줌마, 아저씨들이 부동산 이야기를 하든 말든, 자신의 일과 공부에만 오롯이 집중하게 된다. 자신이 집중한 공부와 일 외에는 아무것도 보이지 않고, 아무것도 들리지 않으며, 자신이 집중한 공부와 일과 관련된 지식 외에는 아무것도 느껴지지 않는다. 그리고 이 상태가 끝나는 순간 내가 했다는 것이 믿기 어려울 정도의 뛰어난 작품, 뛰어난 문제해결, 뛰어난 보고서, 뛰어난 PPT가 완성되어 있음을 확인하게 된다.

의도적 집중은 마음먹는 것이 아니다

의도적으로 집중하는 시간을 가지라는 말에 대해 오해하는 사람들이 있어서 첨언하자면 다음과 같다. 의도적으로 집중한다는 것은 그 일과 공부를 시작했다는 의미다. 책을 보기 시작하고, 보고서를 쓰기 시작하고, PPT를 만들기 시작하고, 스케치를 하기 시작했다는 의미다. 집중을 하기 위해서는 마음먹기보다는 그냥 시작하는 것이 더 중요하다. 집중하기로 마음먹는 것은 실상 아무것도 아니다.

부탁하건대, 마음먹지 마라. 그냥 해라. 그냥 의도적 집중을 시작하고, 의도적으로 일을 시작하고, 의도적으로 공부를 시작하고, 의도적으로 작업을 시작하라. 그게 내가 지금까지 핏

대를 세우면서 강조한 '의도적 집중'이다. 웹툰을 그냥 보기 시작했는가? 공부도 그냥 시작하면 된다. 영화를 그냥 보기 시작했는가? 일도 그렇게 시작하면 된다. 유튜브에 그냥 집중하기 시작했는가? 작업과 시험 준비도 그렇게 시작하면 된다. 뭔가 다르다고 생각하는가? 그게 바로 고정관념이다!

유명한 사진작가 척 클로스(Charles Thomas 'Chuck' Close)의 말에 귀를 기울여 보라.[19]

> "영감은 아마추어에게나 필요한 것이다. 우리는 그저 작업실에 들어가 작업을 시작하면 된다. 만약 당신이 번쩍이는 아이디어가 떠오르길 기다리고 있다면, 별로 성과가 없을 것이다. 최고의 아이디어는 일하는 과정에서 떠오른다. 최고의 아이디어는 일하는 것 그 자체이다."

저명한 극작가이자 연극 감독인 칼슨 캐닝(Carlsen Canning)은 더 간단하게 이렇게 말했다.

> "아마추어들은 바라고만 있다. 프로들은 그냥 일한다."

공부와 일에 집중력을 위한 계시가 필요하다고? 작업과 보고서 작성을 위한 특별한 영감이 필요하다고? 아마추어 같이 왜 이러는가. 그러지 말자. 프로가 되고 싶은가? 그럼 프로처럼 하라. 프로는 영감 따위 필요 없다. 그냥 시작하는 것이 프로다.

리추얼: 집중은 습관이다

이렇게 말해도 일과 공부에는 뭔가 특별한 마음의 준비가 필요하다고 생각하는 사람들을 위해 트와일라 타프(Twyla Tharp)라는 무용가가 한 말을 소개해 볼까 한다.[20]

> "나는 매일 아침 나만의 의식(리추얼, ritual)으로 하루를 시작한다. 새벽 5시 30분에 일어나 연습복을 입고 레그 위머를 신고 후드티를 걸치고 모자를 쓴다. 그러고는 집 밖으로 나와 어김없이 택시를 불러 세우고 운전사에게 91번가와 퍼스트 에비뉴 모퉁이에 있는 펌핑 아이언 체육관으로 가자고 한다. 그리고 그곳에 도착한 나는 두 시간 동안 운동을 한다. 내 의식(ritual)은 매일 아침 체육관에서 하는 스트레칭과 웨이트트레이닝이 아니다. 내 의식(ritual)은 바로 아침에 일어나 주섬주섬 옷을 입고 밖으로 나가 택시를 잡는 것이다. 운전사에게 목적지를 말하는 순간, 내 의식(ritual)은 끝이 나고, 그렇게 어제와 유사한 하루가 반복된다."

체육관에 도착하는 것이 아니라 택시에 타서 목적지를 말하는 것이 의식의 전부란다. 이렇게 그냥 시작할 수 있어야 한다. 매일 해야 하는 그 일을 수행할 수 있는 곳으로 자신을 보내야 한다. 매일 가야 하는 목적지로 가기 위한 그 일을 시작해야 한다. 매일 의식과 같이 매일 그 일과 공부를 시작할 수

있다면, 당신은 이미 성공에 가까워진 사람이다. 집중은 습관
이다.

"집중이 안 된다고? 안 하는 거겠지!"

메모리
크래프트

MEMORY CRAFT

펜은 키보드보다
강하다

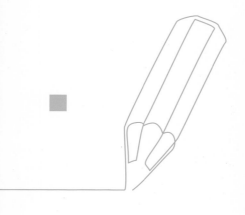

대학 입학 기념으로 노트북을 하나 장만했다. 노트북은 최신형이었고, 당시 가격으로 150만 원 정도였다. 지금도 만만치 않은 가격이다. 어떻게 보면 무리를 한 셈인데, 이렇게 무리를 한 이유는 강의를 들으면서 노트북으로 필기를 해 보겠다는 로망(?)이 있었기 때문이다. 묵직한 전공 책을 한 손에 들고, 백팩에는 노트북을 하나 넣고, 수업 시작하기 5분 전에 강의실에 들어서 자리를 잡고 앉아 책상의 절반에는 전공 책을, 나머지 절반에는 노트북을 펼쳐 놓으면 끝!

마침내 수업이 시작한다. 그리고 다른 학생들이 교수님의 말을 손 필기하면서 헉헉거릴 때, 나는 여유 있게 타자를 치면서 훨씬 많은 양의 필기를 해낸다. 중간중간 저장을 하는 것을 잊지 않으며. 한 수업이 끝나면 제법 많은 내용이 필기되어 있다. 시험 기간이 되면 이 기록물은 인기 절정이 될 것이다. 기록을 달라는 후배와 선배의 아우성에 자부심이 느껴진다.

드디어 중간고사 기간이 되었다. 그동안 필기해 온 것들을 토대로 열심히 공부한 나는 나름 중간고사를 잘 볼 자신이 있었다. 최소한 내 노트를 급하게 빌려간 사람들보다 더 많은 시간을 투자해 공부했다고 자신한다. 성적이란 상대평가 아닌가. 이 정도면 90점 이상의 훌륭한 성적이 나오겠지!

하지만 중간고사를 망쳤다. 모르는 문제가 나온 것은 아니었다. 분명 내가 필기했던 부분이고, 공부한 문제가 나왔다! 답안지의 양으로 보자면 나보다 더 많이 쓴 사람이 없을 정도였다. 그런데 그 많은 양의 답안에 교수님이 전달하고자 했던 핵심 내용, 교과서에서 반드시 이해해야 했던 내용, 나의 지식으로 소화한 내용, 현실의 문제에 적용할 수 있는 방안 등이 담겨 있지 않았다.

대신 언어적인 기록. 교수님의 말만 적혀 있었다. 그림으로 표현한 부분, 표정으로 설명한 부분, 농담이나 뉘앙스로 표현한 부분 등이 노트북 기록에는 없었다. 아니, 더 정확하게 나는 귀로 들리는 교수님의 목소리를 있는 그대로 옮기는 것에 집중하느라 이러한 비언어적인 부분을 보지 못했다. 바로 이런 차이가 수업 내용에 대한 이해, 교과서에 대한 이해, 필기한 내용에 대한 이해, 핵심에 대한 정확한 파악, 문제해결력을 낮춘 것이다. 그러니 시험을 못 볼 수밖에.

충격에 빠졌다. 교수님의 강의 내용을 한 글자도 빠짐없이 필기하려고 노력했고, 그 많은 양의 필기를 열심히 공부했는데, 망치다니. 뭐가 문제일까? 그러면서 나는 내가 필기한 내용을 천천히 살펴보았다. 그러던 어느 날 망치가 머리를 쾅 하고 때리는 충격과 함께 한 가지 사실을 깨닫게 되었다. 문제는 필기 자체가 아니라 필기하는 방법이었다.

그 후 더 이상 노트북을 들고 다니며 필기하지 않았다. 필기 감이 좋은 샤프를 하나 샀고, 샤프심이 떨어지지 않도록 늘 관리했으며, 과목별로 공책을 장만하여 손 필기를 시작했다. 필요하면 표를 예쁘게 그리기 위해 조그마한 자도 하나 샀다.

필기 방법을 바꾼 나는 교수님의 말을 있는 그대로 필기하려는 욕심을 버렸다. 손 필기하면서 중간중간 교수님의 표정을 살피고, 뉘앙스를 감지해 내고, 제스처를 보고, 그림을 그리고, 혹은 관련 없어 보이는 낙서를 해놓고, 교수님의 농담과 현재 내용을 연결시켜 보았다. 그리고 뭔가 내 안에서 이해가 되면, 그 말을 노트에 적어 놓았다. 필요하면 그림도 그리고, 표도 만들어 보았다.

그리고 기말고사를 맞이했다. 결과는 어땠을까? 나는 망친 중간고사를 모두 만회하면서 전 과목 'A+'를 받았다. 필기 하나 바꿨을 뿐인데!

폴라니의 역설

인류가 생존해 온 역사에서 언어를 사용한 기간은 얼마나 될까? 지금은 모두가 언어를 쓰고 있기에 그 기간도 오래되었을 것이라고 생각할 수 있다. 그러나 인류가 문자를 사용하고, 언어를 사용해 온 기간은 사실 그렇게 오래되지 않았다. 인류의 역사를 24시간으로 표현하자면, 23시쯤에 만들어졌다고나 할까? 즉, 23시간 동안을 언어 없이 살다가 마지막 한 시간을 남기고 언어가 발명되었고, 그 언어를 사용하고 있는 것이다.

그럼 우리는 그동안 어떻게 의사소통을 해 왔을까? 어떻게 지식을 전수해 왔을까? 손짓, 발짓, 늑대가 '아우~' 하는 것과 같은 동물적 발성, 동굴벽화와 같은 그림, 십자가와 같은 상징적인 기호로 의사소통했다. 이처럼 문자를 사용하고, 책을 쓰고, 언어적인 수단으로 지식을 전수하는 것은 인류에겐 최신 기술이다. 그리고 이 최신 기술은 매우 놀라운 것이어서 24시간에 비유할 수 있는 인류 역사에서 마지막 한 시간 동안 인류가 발전시킨 문명이 그 이전의 23시간 동안 발전시킨 것보다 클 정도로 대단하다.

그러나 여기서 주의해야 할 것이 있다. 언어가 인류의 발전에 엄청난 공헌을 했다는 것은 사실이다. 그러나 이것을 두고 인류의 발전이 언어만으로 이루어졌다고 착각해서는 안 된다. 손짓, 발짓, 표정, 그림과 같은 비언어적 수단만 있었던 인류에게 체계화된 언어라는 수단이 추가되었기에 비약적인 발전을 하게 된 것이지, 다른 것을 싹 버리고 언어만 사용하게 되었기 때문에 발전한 것이 아니라는 소리다.

내가 오해한 부분이 바로 이것이었다. 언어가 워낙 대단하기 때문에 언어적인 것만 잘 파악하면, 공부를 잘하고, 지식을 잘 전수받고, 성적을 잘 받을 것이라고 생각했던 것이다. 그래서 오직 귀로 들어오는 '말소리'에만 온 신경을 집중했다. 지금 생각해 보면 참 바보 같았다. 말로 표현할 수 없는 것이 얼마나 많은데 이렇게 순진한 생각을 했는지.

인간의 정보 전달과 정보 축적이 언어적인 수단만으로 이루어질 수 없다는 것은 인공지능을 학습시키는 과정에서 극명하게 드러났다. 인공지능에게 '개' 사진을 보여 주고, '개'임을 알아볼 수 있도록 학습시키는 상황을 가정해 보자. '개'를 언어로 어떻게 설명해 줄 것인가? 다리 4개, 귀 2개, 꼬리가 하나 있고, 코가 2개, 눈이 2개, 입은 앞으로 튀어나와 있다. 자! 이렇게 잘 가르쳐 줬으니 이제 인공지능에게 다른 '개' 사진을 보여 줘 보자. 인공지능에게 묻는다. "이게 뭐야?" 인공지능이 답한다. '고양이.'

즉, 인공지능은 인간이 말로 표현해 준 것만 학습했지만, 인간은 실제 생활에서 말로 표현할 수 없는 수많은 다른 정보까지 학습하기 때문에 학습을 잘한다. 이것이 바로 철학자이자 만물박사였던 마이클 폴라니(Michael Polanyi)가 1966년에 출간한 저서 『암묵적 차원(The tacit dimension)』에서 처음 언급한 '폴라니의 역설(Polanyi's paradox)'이다.[1] 그의 말은 '우리는 우리가 말할 수 있는 것보다 더 많이 알고 있다.'라고 압축할 수 있다. 인간은 언어적으로 표현할 수 있는 지식보다 언어적으로 표현할 수 없는 지식이 더 많으며, 그렇기에 우리는 우리

가 말할 수 있는 것보다 더 많이 알고 있을 수밖에 없다. [2]

필기도 마찬가지다. 교수님의 말을 그대로 치는 것은 진정한 필기가 아니다. 교수님이 말로 표현하지 못하는 것까지 교수님의 입, 표정, 몸짓, 말투를 보면서 파악할 수 있어야 진정한 필기다. 교수님은 말할 수 있는 것보다 말할 수 없는 것을 더 많이 전달한다.

손 필기 vs. 노트북 필기

세월이 흘러 대학을 졸업하고 대학원에서 인지심리학을 전공하면서 자연스럽게 관심을 가지게 된 것 중 하나가 인간의 기억력 증진 전략이었다. 물론 나의 세부 전공은 기억한 내용을 어떻게 써먹느냐와 관련된 추론이지만, 추론을 하려면 일단 머리에 든 게 있어야 할 것 아닌가. 또 인지심리학의 시작은 바로 기억이론의 발전이라고 해도 과언이 아니었기에 기억과 관련된 연구 논문은 언제나 나의 흥미를 자극하는 주제였다.

이렇게 대학원 생활을 하고 있던 어느 날, 내 눈에 흥미로운 논문이 하나 포착되었다. 제목은 '펜은 키보드보다 강하다!(The pen is mightier than the keyboard!).' 내용은 놀라웠다. [3] 왜 진작 몰랐을까 후회가 될 정도였고, 연구자들이 왜 이 연구를 더 빨리 해 주지 않았나 하는 억지스러운 원망이 들 정도였다. 나의 문제와 학생들의 문제가 한 번에 해결되는 연구였다.

프린스턴 대학교와 UCLA 대학교 학생들을 대상으로 이루어진 이 연구는 강의를 들으면서 노트북으로 필기를 한 학생과 손으로 필기를 한 학생 중 어느 쪽이 더 시험을 잘 보느냐는 아주 현실적인 문제를 다루고 있다. 시험 문제는 아주 전형적으로 출제되었다. 단답형 주관식과 서술형 주관식이 그것이다. 결과는 어땠을까?

지금까지 설명을 들었다면, 예상했겠지만 일단 노트북으로 필기한 학생들보다 손으로 필기한 학생들이 성적이 좋았다. 단답형 문제 정답률에서도 차이가 있었지만 서술형 주관식 문제, 즉 이해력이 필요하고, 문제해결력이 필요한 문제에서는 점수 차이가 더 현격하게 벌어졌다.

이 연구에서 특히 재미있는 것은 필기량을 측정한 부분이다. 누가 더 필기를 많이 했을까? 역시나 필기량은 노트북으로 필기한 사람이 많았다! 과거의 나를 보는 것 같다! 손으로 필기한 사람의 2~3배나 되는 엄청난 필기량을 보였지만 실속은 없었던 것이다.

이게 끝이 아니다. 연구진은 교수의 강의에 대한 녹취록을 준비하여 학생의 필기와 얼마나 유사한지 검사를 해 보았다. 어느 집단이 더 유사도가 높았을까? 즉, 어느 집단이 교수가 한 말을 앵무새처럼 받아 적기 바빴을까? 예상했겠지만 노트북으로 필기한 집단이었다. 자! 다시 말하지만, 누가 더 시험을 잘 봤는가? 손 필기를 한 집단이다! 결론은 노트북으로 필기하면 교수의 말을 앵무새처럼 받아 적기 바쁘지만, 그러한 필기는 성적 향상에는 도움이 안 된다! 오히려 필기량은 적지만, 교수와 상호작용하면서 말할 수 없는 것도 필기에 담아내는 것이 성적 향상에 도움이 된다.

노트북으로 필기한 내용은 공부할수록 손해인 것 같다. 노트북으로 필기한 내용을 가지고 공부를 하게 한 집단은 오히려 노트북으로 필기한 후 즉시 시험을 본 집단보다도 못한 성적을 받는다. 그런데 손 필기한 내용은 공부할수록 이득이다. 손 필기한 사람을 대상으로 즉시 시험을 본 경우보다 어느 정도 공부할 시간을 주었을 때가 더 시험을 잘 보니 말이다. 이해하지 못한 말을 앵무새처럼 받아 적은 것으로, 또 가끔 노트북으로 다른 것을 했기에 뜨문뜨문 잘려 있는 정보의 조각들을 가지고 공부하는 것은 시험 공부에 아무런 도움이 되지 않는다.

그럼 혹시 노트북으로 필기하는 사람들에게 "교수의 말을 앵무새처럼 받아 적지 말고 네가 이해한 말로 바꿔서 적으려고 노력해 봐!"라고 알려 주면 상황이 개선될까? 그렇다고 생각했다면, 미안하다. 정답은 '아니다!' 이런 지시는 성적을 개선시키는 것에 아무런 도움도 되지 않았다. 아무런 지시를 받지 않고 노트북으로 필기한 집단과 차이가 없었을 뿐 아니라, 여전히 손 필기를 한 집단의 성적이 가장 좋았다.

이러한 현상이 발생하는 이유는 노트북으로 필기할 때 우리 뇌가 작동하는 방식과 손으로 필기할 때 우리 뇌가 작동하는 방식이 다르기 때문이다. 내가 이 파트를 시작하면서 했던 말을 떠올려 보자. 인류에게 언어적인 수단은 매우 최근의 일이다. 그럼 노트북은? 인류의 역사를 24시간이라고 했을 때, 노트북을 사용한 시간은 얼마나 될까? 대충 계산해 보건데, 한 1분 정도나 될까?

인류의 역사에서 문자를 사용하고 손으로 필기하게 된 시간도 24시간으로 환산했을 때 한 시간이 될까 말까인데, 이제 1분도 사용하지 않은 노트북 필기에 우리 뇌가 적응되어 있을 리 없다. 적응되지 않았을 때 뇌가 작동하는 방식은 매우 단순하다. 그냥 있는 그대로의 정보를 들리는 대로, 보이는 대로 처리해 주는 것이다. 그 정보에 대한 고차원적 해석, 그 정보를 다른 정보와 조합시켜 주는 것, 해당 정보를 내가 알고 있는 사전 지식과 연결시키는 정교한 정보처리는 해 주지 않는다.

그나마 어느 정도 사용해 본 손 필기에 우리 뇌가 작동하는 방식은 다르다. 고차원적 해석을 해 주고, 다른 정보와 조합도 시켜 주고, 내가 알고 있는 사전 지식과 연결도 시켜 주고, 교수님의 몸짓과도 관련을 시켜 주고, 이전 시간에 배웠던 내용과의 연관성도 찾게 해 주고, 내가 배우는 것이 지금 어디쯤 와 있는지 큰 그림도 그려 준다. 이 모든 혜택은 손 필기를 할 때만 발휘된다.

대학 입학철만 되면 노트북의 필요성을 강조하는 전자업체 광고에 흔들리지 마시길. 숙제할 때 필요하지만 수업시간에는 별로 필요없다. 노트북 필기는 내 경험과 연구 결과를 종합해 봤을 때 그냥 아무것도 안 하는 것과 다르지 않다.

"필기는 받아쓰기가 아니다.
정리하고 요약하는 것이다."

인간은 20년 걸려서 배운 것을 2년 안에 잊을 수가 있다.

– 탈무드

10장 잠은
기억의 완성

자라, 그래야
성적은 오른다

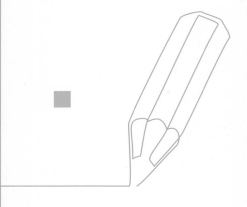

사당오락이라는 말을 아는가? 네 시간 자면 붙고, 다섯 시간 자면 떨어진다는 뜻이다. 학력고사 시절에 생긴 말인 것 같은데, 수능으로만 대학을 가는(특차라고 아시나요?) 시대에도 전설처럼 이 말이 내려왔다. 이 말을 아는 사람들은 필자보다 연배가 많거나 비슷할 것이다. 아마 필자보다 연배가 적은 사람 중에 이 말을 아는 사람은 없을 것이다.

해석해 보자면 잠을 아껴서 공부하자는 말이긴 한데, 대학 입시를 앞둔 고등학교 시절을 떠올려 보면 이 말을 곧이곧대로 실천하는 친구들도 몇몇 있었다. 정말 네 시간만 잔다. 하루 종일 공부하고, 또 네 시간만 자고, 가장 먼저 학교에 온다. 주말에도 생활 패턴이 깨어질까 봐 이 생활을 반복하고, 혹 다섯 시간을 자는 날이면 엄청난 죄책감을 느낀다. 심각하게는 다섯 시간을 잤으니까 원하는 대학에 가지 못하지 않을까 하는 불안감에 시달리기도 한다.

이 친구들은 예외라고 하더라도 한 가지 분명한 것은 당시

입시를 앞두고 있는 학생들 모두 잠을 줄이기 위해서 필사적으로 노력했다는 것이다. 각성 수준을 높이기 위해 과도하게 피로회복제를 먹는 친구도 많았다. 나도 잠을 줄이려고 노력했던 사람 중 하나였다. 그냥 그렇게 해야 되는지 알았다. 네 시간으로 잠을 줄이진 않았지만, 마음 편히 일곱 시간 이상 잔 적은 없었고 거의 다섯 시간 정도만 잔 듯하다.

이렇게 자고 나면 사실 부작용이 많이 있었다. 학교 교과목 수업을 들을 때 졸음이 쏟아지는 때가 있고, 집중이 잘 안 되고, 수업 내용이 잘 이해가 안 돼서 결국 나중에 따로 공부해야 한다. 배는 어찌나 자주 고픈지 쉬는 시간마다 매점에 가서 뭐라도 사 먹느라 불필요했을 지출도 늘어났다. 그리고 이런 생활이 반복되면 이상하게 살이 찐다. 나만 그런 것은 아니고 주변에서 다들 살이 쪄 가기에 그러려니 하고 넘어갔다.

몇 십 년이 지나 심리학자가 된 지금에 와서야 알게 되었다. 이렇게 잠을 줄이면서 하는 공부가 얼마나 비효율적인지에 대해서 말이다. 이제 두 아이의 아빠로서 내 아들과 딸은 이러한 비효율적 학습의 굴레에서 벗어나게 해 주고 싶다. 그리고 진심으로 내 아이들은 그냥 잠을 좀 잘 잤으면 좋겠다. 아빠가 했던 다소 미련했던 행동을 물려주고 싶지 않다. 꼭 이렇게 말해 주고 싶다. 학습의 완성은 잠이라고. 하나를 배워 열을 깨닫고 싶으면 자야 한다고 말이다.

수면결핍병

수면결핍이 질병이라는 사실을 알고 있었는가? 미국질병통제예방센터가 2013년에 수면 부족을 유행병으로 선포했다. 이는 하루에 여섯 시간 미만으로 잠을 자는 현대인이 세 명 중 한 명꼴인 것을 심각하게 느낀 미국보건당국의 결정이었다.[1] 그렇다면 미국보건당국은 왜 이런 결정을 내렸을까? 수면결핍이라는 것이 도대체 뭐기에 이러는 걸까?

이 질문에 답하기 위해서는 일단 20세 이상의 성인에게 요구되는 필수 수면량을 알아야 한다. 혹시 알고 있는가? 하루 여덟 시간이다. 어떤가? 당신은 오늘 여덟 시간을 잤는가? 혹시 당신이 많은 현대인처럼 여섯 시간밖에 자지 않았다면, 필수 수면에 두 시간 미치지 못하는데, 이때 발생하는 것이 바로 수면결핍이다. 일주일 이상 이런 상황이 지속되고 있다면, 당신은 만성적인 수면결핍에 시달리고 있으며, 이것이 바로 미국보건당국이 언급한 유행병! 수면결핍이다.

수면결핍은 많은 부작용을 낳는다. 일단 오후 시간 업무 혹은 수업 집중도가 하락하고, 업무 효율 혹은 학습 효율이 저하된다.[2] 판단력과 위기대처 능력이 저하되고, 작업장 안전사고나 졸음운전 사고 같은 목숨에 직접적인 피해를 입히는 사고의 원인이 된다.[3] 면역력이 저하되어 감기를 달고 살게 되고[4], 신진대사율이 감소하며[5], 지방을 만드는 호르몬 코르티솔이 증가하여 살이 찐다.[6] 특이한 것은 우리 뇌가 수면 부족으로 인한 피로를 배가 고픈 것으로 해석해 음식에 대한 충동을 강하게 만든다.[7] 이는 우리 뇌가 구석기 시대의 뇌임을 보여주는 가장 명확한 증거다. 구석기 시대의 가장 큰 위기는 잠이 아니라 배고픔이었는데, 우리 뇌는 배고픔 외의 다른 위기를 잘 느껴 본 적이 없기에 현대인이 겪는 수면결핍을 배고픔으로 해석해 버린다![8] 이것이 바로 내가 고3 때 겪었던 일이자, 내 친구들이 고3 때 겪었던 일이다. 고3병이 아니라 그냥 수면결핍병이었던 것이다.

이것만 해도 고3에게 나름 치명적인 문제인데, 이게 다가 아니다. 수면결핍병은 많은 고3의 인지적 문제를 동반한다. 쉽게 말하면, 기억력이 가장 왕성해야 하는 고3의 기억력을 가장 많이 갉아먹고 파괴하는 것이 바로 수면결핍이다. 어떻게 보면 차라리 잘 거 다 자고 놀 거 다 노느니보다 못한 결과를 만드는 것이 바로 수면결핍인 것이다.

일단 수면이 부족하면 소위 "머리가 안 돌아간다."고 말하는 상태가 찾아온다. 전문 용어로는 뇌가 얼어 버렸다는 의미로 브레인 프리즈(brain freeze)라고 부른다.[9] 무슨 말이냐고? 자야 하는데 계속 활동하려고 하니까 뇌가 스스로를 얼려 버린다는 뜻이다. 즉, 분명 눈도 뜨고 있고, 친구와 대화도 할 수 있고, 걸을 수도 있는데, 그 상태에서 뇌는 부족한 잠을 취하려고 스스로를 정지시킨다.[10] 살아 있는 시체다. 좀비에 대한 이야기는 아마 여기서 시작된 걸지도 모르겠다. 잠이 부족하여

다크 써클이 내려온 사람에게 좀비라고 부르는 것은 사실 과학적 근거가 있다.[11]

이런 상태에서 듣는 강의는 아무런 효과가 없을 수 있다. 이런 상태에서 외운 영어 단어, 수학 공식은 머리에 잘 남지 않는다. 왜냐고? 말 그대로다. 뇌가 작동하지 않았기 때문이다. 이런 상태를 1년 혹은 그 이상 지속한 학생에게 꼭 말해 주고 싶다. 잠을 자라. 지금까지 공부한 것을 모두 수포로 돌리기 싫다면, 열심히 공부한 것을 다 날리고 싶지 않다면, 정말 권하건대 하루 여덟 시간 이상의 수면을 꼭 지켜라.[12]

기억을 증진시키는 수면

어떻게 생각하면 인생의 3분의 1(하루 여덟 시간 잔다고 가정하면)을 잠이라는 무의미한 활동으로 채워야 한다는 것이 여전히 마음에 안 들 수 있다. 여러분 상식에도 부합하지 않을 수 있다. 그런데 수면에 대한 많은 연구는 깨어 있는 시간을 제대로 깨어 있기 위해서는 깨어 있지 않은 시간이 반드시 필요함을 시사한다. 즉, 잘 깨어 있기 위해 잘 자야 한다.

먼저 하루 여덟 시간의 잠 중 첫 두 시간은 우리가 반드시 기억해야 할 것들을 기억하고, 기억하지 않아도 되는 것은 제거해 주는 정리 정돈의 시간이다.[13] 이 시간이 방해받으면 우리는 기억해야 할 것을 제대로 기억하지 못하고, 잊어야 할 것을 정리하지 못하면서 비효율적인 상태로 다음 날을 맞이한다. 즉, 머리가 깨끗하지 못하고 정리정돈 되어 있지 않아 복잡한 마음으로 일어나게 된다. 그러나 첫 두 시간을 잘 자면 우리 뇌는 일단 기억해야 할 것과 아닌 것에 대한 교통 정리를 확실하게 해 주고, 우리는 이 잠을 통해 아침에 깔끔하게 정리된 상태로 일어나서 다시 다른 정보를 수집할 수 있게 된다.

첫 두 시간 후에 이어지는 중간의 네 시간은 우리가 반드시 기억해야 하는 것들을 응고화시킨다. '응고화(consolidation)'라는 표현이 다소 어려울 수 있는데, 기억을 더 튼튼하게 만든다고 생각하면 된다.[14] 우리 뇌가 기억을 튼튼하게 만들 때 자주 사용하는 방식은 어떤 경험의 의미를 추출해 내는 것과 오늘 습득한 지식을 기존의 지식과 통합하는 것이다.[15] 응고화가 가장 왕성하게 일어나는 시간이 바로 중간의 네 시간이다.

마지막 두 시간은 창의성의 시간이다. 이것은 중간의 네 시간 동안 새로운 지식이 기존 체계에 통합되는 과정의 결과라고도 볼 수 있는데, 새로운 지식과 기존 지식이 만나서 말 그대로 새로운 지식이 탄생할 수도 있고[16], 새로 입력된 지식으로 인해 기존 지식이 다시 배열되고 연결되면서 새로운 지식이 탄생할 수도 있다.[17] 이런 현상이 일어날 때 우리는 보통 꿈을 꾼다.[18] 물론 꿈 자체가 의미 있는 것은 아니지만, 자는 동안 일어나는 활동으로 인해 발생한 무작위적인 뇌의 전자기적 활동이 바로 꿈이라는 환상으로 나타난다.[19]

잠의 효과는 명확하다. 일단 잠은 깨어 있을 때 기억하려고 노력했던 것에 대한 기억을 증진시킨다.[20] 반대로 잠을 충분히 자지 않으면 잠자는 동안 나타나는 응고화라는 마법을 경험하기 어려워지고, 사실상 기억을 비롯한 인지 기능 전반이 저하된다.[21] 또한 잠들기 전까지 고민하던 문제가 깨어남과 동시에 해결되는 아하! 체험을 하게 된다.[22] 이러한 문제해결은 언어적인 것[23]부터 수학적인 것[24]까지 다양하다. 심지어 특별한 정답이 없는 비구조화된 문제도 잠을 통해 해결할 수 있다.[25]

심지어 피아노 연주자들은 연습하면서 버벅거렸던 부분이 잠을 자고 난 후 말 그대로 그냥 잘하게 되는 경험을 하기도 한다. 오히려 잠을 자지 않고 짜증스런 표정과 함께 늦게까지 연습했을 때가 성과가 더 좋지 않다.[26] 심지어 잠은 피아노 연주자의 악보에 대한 기억과 감정을 살리는 표현력까지 증진시킨다.[27]

이러한 효과는 NBA 농구 선수들에게도 나타난다.[28] 신체적으로 피로한 농구 선수들이 하루 여덟 시간 이상 수면을 취하면 그렇지 못할 때보다 자유투 성공률과 3점슛 성공률이 9%나 향상되고, 경기 출전 시간이 증가하며, 파울과 실책은 줄어든다.[29] 수년 동안 단거리 육상 경기를 지배해 왔던 우사인 볼트는 경기 전에 낮잠을 자는 것으로 유명했다. 그리고 그렇게 낮잠을 잔 후에 세계신기록을 수립했다![30]

당신의 잠을 방해하는 스마트폰과 술

스마트폰은 당신의 주의력을 빼앗는 요물이기도 하지만, 잠을 방해하는 요물이기도 하다. 실제로 현대인의 미디어 사용 습관은 수면 부족과 연관성이 깊은 요인으로 밝혀졌다.[31] 이유는 간단하다. 역시 우리 뇌가 구석기 시대의 뇌이기 때문이다. 우리 뇌에게 스마트폰은 생소하다. 밤에도, 심지어 불 꺼진 방에서도 빛을 내기 때문이다. 스마트폰의 불빛에 노출되면 뇌는 이러한 인공 조명을 태양이라는 자연 조명으로 착각하면서 각성 상태를 유지시키고, 결국 잠을 들지 못하게 방해한다.

당신이 빨리 잠들지 못하면서 여덟 시간 잠의 첫 두 시간을 방해받는 것은 기억할 것과 삭제할 것에 대한 제대로 된 교통 정리를 끝맺지 못한다는 의미에서 의미심장하다. 즉, 당신이 뭔가 하는 것 없이 바쁘기만 하다고 느낀다면, 아마 이 첫 두 시간을 방해받고 있을 가능성이 높으며, 이것은 대부분 스마트폰 때문이다. 잠을 11시에 자기로 결정했다면, 스마트폰을 비롯한 조명은 10시쯤부터 꺼야 한다. 그래야 우리 몸에서 잠을 잘 준비를 하고, 11시에 잠이 들 수 있다.

혹시 빨리 잠들지 못하는 것 때문에 맥주를 한 캔씩 마시고 있다면, 이것은 두 가지 측면에서 매우 위험하다. 이러한 습관을 빨리 중단하기 바란다. 일단 매일 먹는 맥주 한 캔이 나중에 알코올중독이 될 수 있다. 이는 심각한 합병증과 금단 현상을 수반하니만큼 매일 술 먹는 습관을 빨리 중단해야 한다. 맥주 한 캔이나 소주 한 잔이라도 수면의 마지막 두 시간을 방해한다. 즉, 당신이 꿈을 꾸면서 창의성을 발휘하고 어제 끙끙거리던 문제를 해결해 주는 시간을 방해하는 것이다. 이것은 여러모로 손해다.

"잠은 기억의 완성이다!" [32]

메모리
크래프트　　MEMORY CRAFT

11장 꼰대의 공부

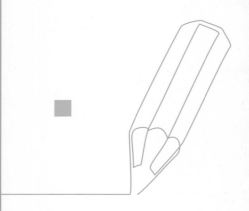

메모리 크래프트

MEMORY CRAFT

공부해! 말고
방법부터 알려줘

중학생 무렵 수업시간. 50명이 빽빽이 앉아 있는 교실에는 선생님 오시기 전부터 누워서 자고 있는 학생이 30명이 넘었다. 선생님들은 우리 반에 들어서자마자 가슴을 치시면서 이렇게 말씀하시곤 했다.

"안 일어나! 공부 안 할거야."

이제 시작된다. 일장연설! 선생님이 강조하는 공부의 이유를 들을 때마다 공부를 왜 해야 하는지 알기 위해 나름 머리를 굴려 보았다. 선생님의 잔소리에 못 이겨 잠시 정신을 차린 친구들 중에도 '왜'라는 문제를 잠시나마 생각해 본 친구들이 많았다. 문제는 '왜'에 대한 탐구가 선생님의 기대와는 다른 방향으로 전개되었다는 것이다. 정말 아쉽게도 공부를 왜 해야 하는지 생각할수록 우리는 공부를 멀리하게 되었다. 도대체 무슨 일이 벌어진 걸까?

올챙이는 개구리 마음 모른다

먼저 선생님들 대부분은 중년의 어른이고, 중학생들은 10대 청소년이다. 성숙함이 다르다. 성숙은 보통 '인생의 의미와 목적을 깨닫는 것'과 관련이 있다. 성숙의 많은 경우가 나이에 비례한다. 더 분명한 것은 소위 인생의 소명(calling)이라는 것을 발견하는 시기가 적어도 10대는 아니라는 사실이다. 생각해보라. 100세 시대에 겨우 15년 정도 산 청소년이 인생의 의미 운운하는 것도 웃기지 않은가?

그렇다면 인생의 의미와 가치는 몇 살 정도에 발견하게 될까? 한 권위 있는 연구에 따르면, 사람들은 자신의 목표를 소명으로 볼 수도 있고, 경력(career)으로 볼 수도 있고, 돈 벌이 수단(job)으로도 볼 수 있는데, 나이가 어릴수록 경력으로 보는 경향이 강하고 나이가 많아질수록 소명으로 보는 경향이 강해진다.[1] 그럼 몇 살 정도가 되어야 소명을 깨달을까? 대략 46세 정도가 되어야 소명을 깨닫게 된다. 다른 말로 하면 이 나이가 되기 전까지는 인생의 소명이나 공부의 목적을 깨닫기 어렵다.

아마 선생님들의 연령 평균을 구하면 대략 이쯤이 되지 않을까 싶다. 즉, 선생님들 대부분은 인생의 의미와 목적을 깨달았을 확률이 높지만, 아이들은 인생의 소명보다는 '경력'으로 생각할 가능성이 높다. 사실 선생님들도 현실적으로는 경력

을 강조하지 않는가? "대학 가야지!"라고 하면서 말이다. 바로
이 지점에서 선생님과 학생들 간의 인식 충돌이 발생한다. 선
생님들은 자신이 깨달은 인생의 의미, 공부의 의미, 공부의 목
적, 공부의 가치를 아이들도 깨달아야 한다고 강조하지만, 아
이들은 지금 그러한 마음의 준비가 되지 않았다. 그러면서 선
생님들은 왜 이 아이들이 공부의 의미를 깨닫지 못할까 하고
답답해 한다. 그런데 이것은 개구리가 올챙이 적 생각을 못하
는 격일 가능성이 높다.

　심리학에서 자신은 알고 있기에 다른 사람도 당연히 알고 있
을 것이라고 생각하거나, 자신이 깨달은 것이 진실이라고 믿
고 마치 모두가 그래야 하는 것처럼 강요하거나 주장하는 것을
'순진한 실재론(naive realism)'이라고 부른다.[2] 순진한 실재론
은 인생의 많은 부분에서 갈등을 일으키는 원인이 된다. 공부
잘하는 사람은 공부 못하는 사람을 이해하지 못하고, 반대로
공부 못하는 사람은 공부 잘하는 사람을 잘 이해하지 못한다.
인생의 경험이 풍부한 사람은 경험이 없는 사람을 이해하지 못
하고, 경험이 없는 사람은 경험이 풍부한 사람을 이해하지 못
한다. 모두가 남도 자기 같을 것이라고 착각한다.

방법이나 알려줘요

이제 바뀔 때가 되었다. 성인이 되어도 그 나이 때 못했던

'왜'에 대한 깨달음을 아이들에게 강요하지 마시라. 아무것도 모르던 그 아이들이 나중에 '왜'를 깨닫게 되는 순간이 반드시 올 것이니. 이런 것은 자연의 섭리에 맡기고 기성세대는 이제 좀 다른 것에 집중해야 한다. 공부를 왜 하는지는 이제 그만 물어보시고, 아이들의 연령대에 맞는 가르침, 모든 것을 삶의 과정, 즉 경력으로 인식하기 쉬운 아이들에게 딱 맞는 그 가르침을 제공하라. 바로 '공부를 어떻게(how)해야 하는지'에 대한 가르침 말이다.

우리가 학생들에게 '공부의 이유'보다는 '방법'을 알려 주는 것은 공부에 대한 동기부여에 중요하다. 공부를 '왜' 해야 하는지 곰곰이 생각할수록 공부에 대한 열정이 불타오를까? 정말 그렇게 생각하는가? 그렇다면 한번 해 보시라. 공부를 왜 해야 하는가? 잘 먹고 잘 살려고? 그럼 왜 잘 먹고 잘 살아야 하는가? 못하는 것보다는 나으니까? 그럼 왜 못사는 것보다 나을까? 과연 답이 나오는가? 뭔가 명확해지는가?

다른 질문도 해 보자. 운동을 왜 해야 하는가? 건강하려고? 그럼 왜 건강해야 하는가? 오래 살려고? 그럼 왜 오래 살아야 하는가? 어떤가? 답이 나오는가? 부모님과 선생님에게도 어려운 이 '왜'에 대한 질문에 과연 10대 아이들이 답할 수 있다고 생각하는가? 10대에게 이것에 답하라고, 이것을 알아내라고 강요하는 것은 어쩌면 매우 잔인한 행동일지도 모르겠다.

이제 '왜'를 묻지 말자. 그리고 '무엇을(what)' 공부할지 알려 주시라. 차라리 '언제(when)' 공부할지 계획을 세우게 해 보시라. '어디서(where)' 공부할지도 계획을 세우게 하고, (혼자서 하는 것을 포함해서) '누구와 함께(who)' 공부할지도 계획하게 해 보시라. 그리고 '어떤 전략(strategy)과 방법(how), 수단(mean)'으로 공부할 것인지 가르쳐 주시라.

쉽게 말해 육하원칙에서 '왜'만 빼고 다 가르쳐 주어야 한다. 어쩌면 우리는 그동안 반대로 해 왔을 가능성이 높지만 이제 바르게 가야 한다. 그리고 여기에는 해석수준이론(construal-level theory)이라는 인지심리학적인 근거가 존재한다.[3] 해석수준이론이란 인간이 사건과 대상에 대해 어떤 관점을 가지는지에 따라 해당 사건과 대상에서 느껴지는 심리적 거리감(psychological distance)이 달라진다는 이론이다. 해석 수준에는 두 가지가 있는데, 하나는 대상과 사건을 '왜(why)'라는 관점에서 파악하는 추상적 해석(abstract construal)이고, 다른 하나는 대상과 사건을 '어떻게(how)'라는 관점에서 파악하는 구체적 해석(concrete construal)이다.

이 이론의 핵심은 대상과 사건을 '왜'의 프레임으로 볼수록 그것에 대한 심리적 거리감은 점점 멀어지고, 대상과 사건을 '어떻게'의 프레임으로 볼수록 그것에 대한 심리적 거리감이 점점 가까워진다는 것이다. '왜'라는 관점에서 볼 때는 당장 해야 할 일이 아니라고 느끼지만, '어떻게'의 관점에서 볼 때는 당장 해야 할 일로 여기게 되고, '왜'의 관점에서 판단할 때는 나와 무관한 일로 여기게 되지만, '어떻게'의 관점에서 판단할 때는 나와 밀접한 관련이 있는 일로 여기게 된다.

눈치챘을 수도 있지만 공부를 '왜'의 관점에서 해석하면 공부와의 심리적 거리감이 멀어진다. 즉, 공부를 '왜' 해야 하는지를 깊게 고민할수록 공부는 나중에 해도 되는 일로 여겨지고 나와 무관한 일로 여겨지게 되지 공부를 해야겠다고 작심하게 되지 않는다는 뜻이다. 오히려 공부를 '어떻게' 해야 하는지 가르쳐 주고 실천하게 하면 공부를 지금 당장 할 수 있는 일, 지금 당장 해야 하는 일, 나와 밀접한 관련이 있는 일로 여기게 된다. 왜 하는지 알아야 한다고 다그치면 오히려 공부하게 되지 않는다. 이제 어떻게 하는지 알려 주자. 그럼 공부하게 될 것이다.

예측 가능한 상황 뒤에 공부할 계획을 삽입하라

공부하는 방법과 전략을 가르쳐 주는 것 외에도 '무엇을, 언제, 어디서, 누구와 함께'할 것인지 계획을 세우는 것이 '왜' 공부하는지 알기 위해 노력하는 것보다 더욱 더 효과적이다. 사실 이것은 우리 뇌가 정보를 처리하는 방식과도 일치한다. 여러분이 21세기에 살고 있다고 여러분의 뇌도 21세기형 뇌라고 오해하지 마시라. 우리 몸은 21세기에 있지만 우리 뇌는 구석기 시대의 뇌이다.

구석기 시대의 우리 조상이 '인생의 의미', '공부의 의미', '공부의 목적'을 알려고 노력했을까? 다른 말로 우리 조상들은

'왜'라고 하는 존재론적 질문과 철학적 질문에 익숙할까? 아쉽게도 우리 조상들의 뇌는 이러한 철학적 질문과는 거리가 멀다. 하루 종일 일해도 하루에 필요한 칼로리의 음식을 구하기도 어려워서 굶어 죽게 생겼는데, 인생의 궁극적 의미를 따지고, 공부의 의미를 따지는 게 무슨 소용이 있었겠는가?[4] 이러한 현실적인 조상들의 후예인 우리 뇌도 매우 실용적이고, 매우 현실적이다. 태어났으니까 생존하기 위해 노력하고, 어쩌다 보니 어른이 되는 것이다.

우리 조상들이 공부하는 이유도 매우 현실적인 이유였다. 사냥하는 법을 배워야 간신히 한 끼를 먹어 굶어 죽지 않을 수 있었고, 불 피우는 방법을 배워야 얼어 죽지 않을 수 있었다. 이런 우리 뇌에게 '왜'에 대한 질문은 매우 생소하고 추상적이다. 우리 뇌에게 익숙한 것은 굶지 않는 방법, 얼어 죽지 않는 전략, 병 걸리지 않는 방법, 음식 저장하는 방법이다.

그럼 이렇게 '생존하는 방법'에 집중하는 우리 뇌가 공부라는 목표를 더 현실적으로, 더 실용적으로 받아들이게 하는 방법은 없을까? 있다. 바로 예측 가능한 상황 뒤에 공부 계획을 삽입하는 것이다. 예측 가능한 상황이란 그날그날 반드시 일어날 일을 의미한다. 점심을 먹는 것, 양치질을 하는 것 등이 여기에 해당된다. 그 뒤에 공부 계획을 삽입한다는 것은 '만약 그 상황이 일어난다면, 공부를 할 것이다!'라고 스스로 결심해 보는 것을 의미한다. '~하면, 그때 ~한다.'라는 의미에서 if/then(이프/덴) 전략이라고 부르는데, 이것은 공부라는 목표를 달성할 가능성을 높이는 특효약과 같다.

이프/덴 전략의 효과는 다양한 장면에서 확인되었다. 간질 환자들을 대상으로 한 연구는 '나는 아침 8시에 약을 먹을 것이다.'라는 단순 결심을 한 환자(55% 달성)보다 '나는 아침 8시에 양치질을 하고 나면 약을 먹을 것이다.'라고 if/then 전략을 사용한 환자(79% 달성)가 처방약을 먹을 확률이 증가함을 보여 주었다.[5] 재사회화를 위한 치료를 받는 마약중독자들을 대상으로 한 또 다른 연구는 '나는 이력서를 작성할 것이다.'라고 목표를 세운 사람 중에는 아무도 이력서를 작성하지 않았지만, '나는 점심식사 후 식당 테이블이 비면 이력서를 쓸 것이다.'라고 목표를 세운 사람의 80%가 이력서를 작성한 것으로 나타났다.[6]

심지어 이 전략은 시험 문제를 풀 때도 효과가 있는 것으로 나타났다. 청소년을 대상으로 한 연구는 '처음 보는 유형의 어려운 문제가 나오면, 포기하지 말자고 말하고 끝까지 풀 것입니다.'라고 이프/덴 전략을 사용한 청소년이 단순하게 '나는 처음 보는 유형의 어려운 문제도 포기하지 않고 최선을 다해 풀 것입니다.'라고 다짐한 학생들보다 15% 더 정확하게 문제를 푸는 것으로 나타났다.[7] 즉, '나는 아침에 양치를 하고 나면 공부를 할 것이다.'라고 정하는 것은 단순히 '나는 내일 공부할 것이다.'라고 결심하는 것보다 좋다.

이 전략이 목표 달성 확률을 높이는 이유는 심리적 거리감을 가깝게 만들기 때문이다. 이프/덴 안에 언제, 무엇을 할 것인지

가 정해져 있기에 목표를 나와 밀접하게 관련된 일로 느끼도록
하고, 당장 해야 할 일로 깨닫도록 만든다.[8] 이러한 것을 실행
의도(implementation intention)라고 부르는데[9], 실행 의도는 구
체적일수록 효과가 좋다.

즉, '학원에 갔다 오면, 숙제를 할 것이다.'라고 계획을 세우
는 것만으로도 어느 정도 효과가 있지만, '학원에 갔다 오면,
수학 숙제를 할 것이다.'라고 무엇을 할지 좀 더 구체적으로
계획하면 더 큰 효과를 볼 수 있다. 또 '저녁을 먹으면, 공부를
할 것이다.'라고 계획을 세우는 것으로도 효과가 있겠지만, '저
녁을 먹으면, 도서관에서 공부를 할 것이다.'라고 장소를 구체
화시키면 더 효과적이다.

계획을 세우지 말고, 실행 의도를 만들어라

그런데 동일한 실행 의도를 쓰더라도 효과가 없을 수도 있
다. '~하면(if)'이 일어나지 않을 가능성이 높으면 그렇다. 학
생들이 많이 하는 실수 하나가 오늘 '국어 공부 좀 하고, 그다
음에 수학 좀 하고, 그다음에 과학 좀 하고' 하는 식으로 계획
을 세우는 것이다. 언뜻 보기에 이프/덴 전략과 유사해 보이기
도 한다. 그러나 이것은 그냥 아무것도 아니다. 왜냐고?

국어 공부가 진짜 일어날 가능성이 있는가? 그다음에 할 수
학 공부는 진짜 일어날 가능성이 있는가? 하물며 과학은? 이

처럼 일어날지 모르는 일에 연결시키는 것은 실행 의도 전략이 아니다. 오히려 공부와 심리적 거리감을 멀어지게 만드는 일이다. 다이어리에 빼곡하게 계획을 세우는 것도 마찬가지다. 이는 심리적 부담감까지 더해져서 실제로 달성되지 않을 확률만 높인다. 공부를 시작도 안 했는데, 이미 머릿속을 복잡하게 만드는 것에 기여하지 진짜로 공부를 하게 만드는 것에는 효과가 없다. 다시 한 번 강조하지만, 이프/덴에서 이프는 일어날 가능성이 100%인 일과 연결시켜야 한다. 그래야 그 예언이 이루어지는 순간, 그다음에 계획한 당신의 공부 목표도 이루어질 것이다.

이것은 태도의 일관성을 유지하고 싶어 하는 우리 뇌의 성향을 이용하는 것이기도 하다. 우리 뇌는 일관성을 매우 좋아한다.[10] 오죽하면 엄청나게 지루한 실험에 참여하게 만들고 나서 거짓말로 '재미있었다'라고 말하도록 시키면, 진짜 재미있었고, 과학적으로도 중요했으며, 다음에 또 오겠다고 느끼게 되겠는가![11] 이러한 사실은 우리 뇌가 잘못되었음을 보여 주는 것이 아니라, 그만큼 일관성을 좋아한다는 것을 보여 준다.

어떤 일이 일어나면, 다음 일이 일어날 것이라는 이프/덴 전략도 마찬가지다. 한 가지 일이 이미 달성되면, 일관성을 좋아하는 우리는 뒷부분(덴)을 반드시 이루고 싶어 한다. 다르게 표현하면, 우리 뇌는 이루지 못해 안달이 난다. 신기한 것은 이프/덴 전략은 그러한 결심을 하고는 잊어버려도 효과를 발휘한다는 사실이다.[12] 즉, 나는 예언을 잊어버려도 우리 뇌는 예언을 잊어버리지 않는다. 어떻게 공부할지 알았다면, 이제 언제, 어디서, 무엇을 공부할지를 이프/덴 형식으로 결심해 보라.

공부 습관의 시작

강의를 하는 필자에게 이런 질문을 하시는 분이 계셨다. 반대로 학생이 '왜' 공부하냐고 물어보면 어떻게 하나요? 순간 당황했지만 태연하게 머리를 굴린 후 마치 처음부터 답이 정해져 있었던 것처럼 말했다. "방법을 알려 주세요."라고 말이다. 그러면서 이렇게 덧붙였다. "지금하는 공부가 어디에 쓰일 것 같아?"라고 역질문을 하라고 말이다.

질문은 '왜'였지만, '어떻게'로 답한다는 것은 바로 이런 의미다. '왜'라는 질문에 꼭 '왜'로 답변할 필요가 있을까? '왜'라는 질문의 답을 '왜'로 한다는 생각이 어떻게 보면 고정관념이다. '왜'라고 물어보는 학생이 있다면, '어딘가에 쓰기 위해서' '어떻게 쓰기 위해서' '누군가를 위해 쓰기 위해서' '언젠가 쓰기 위해서'라고 답변해 주자. 물론 답변을 준비해 놓는 부지런함이 있다면 더 좋겠다. 이러한 사소한 변화에서부터 우리 아이들의 좋은 공부 습관이 출발한다.

"활용할 수 없는 공부는 공부가 아니다."

메모리
크래프트

MEMORY CRAFT

12장 책을 여는 순간

독서의 즐거움이
만드는 공부의
기적

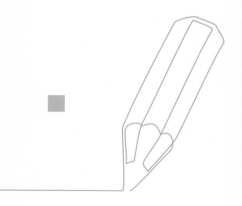

국어 시험이 끝나면 이런 소리가 들린다.

"문제가 이해가 안 돼."

신기한 것은 수학 시험이나 물리 시험을 보고서도 이런 소리가 들린다.

"문제가 이해가 안 돼."

도대체 왜 문제는 이해가 되지 않을까.

언어가 문제다

아동의 발달과정에서 가장 먼저 시작되는 것은 감각기관의 발달이다. 사실 후각은 엄마 배에서 거의 완성되지만, 시각, 청각, 촉각은 출생 후에 지속적으로 발달하며 보통 3개월 정도가 걸린다(그래서 100일을 챙기는 것인지도).[1] 아이가 엄마 뱃속에 있을 때는 양수로 가득 차서 보이지 않고, 잘 들리지 않고, 바깥세상의 물리적 힘이 잘 느껴지지 않기에 오직 엄마가 공급하는 영양분을 받으면서 후각을 발달시킬 수 있다.

그러나 엄마 배에서 나오고서는 신세계가 펼쳐진다. 아직 희미하지만 뭔가 아른아른거리고, 아직 희미하지만 뭔가 귀에서 웅웅거리고, 아직 희미하지만 물리적 힘이 피부에 전달된다. 시간이 지나면서 아이들은 눈에 보이는 것, 귀에 들리는 것, 피부로 느껴지는 것, 냄새가 나는 것을 연결시켜 '말'로 표현하게 된다. 드디어 인지 기능의 발달이 시작된 것이다. 보통 '엄마!'라는 외마디 외침으로 내 아이가 잘 자라고 있는지 알 수 있는데, 실로 놀라운 일이 아닐 수 없다. 누가 가르친 것도 아닌데, 모든 감각을 동원하여 '엄마'라는 언어를 탄생시켰으니 말이다.

한 번 입이 열린 아이들은 그야말로 수다쟁이가 된다. 시키지 않아도 감각기관에 입력되는 모든 것을 말로 표현하려고 노력한다. 엄마가 읽어 주는 동화책에 까르르 웃는다. 엄마의 연기력이 뛰어날수록 그 재미는 두 배가 된다(아빠들은 보통 연기를 잘 못하고 아이도 별로 즐거워하지 않습니다). 호기심으로 가득 차서 세상을 바라보고, 모든 것을 알고 싶어 하는 그 지적 욕구에 어른들은 감탄을 자아낸다. 그러다가 뭔가 어른이 할 법한 생각을 하거나 판단을 하면 이렇게 외친다. "천재네!" 그렇다. 진실을 말해 주건대, 아이들은 다 천재다. 커서도 그것이 유지되느냐가 문제지.

이러던 아이들이 초등학교 4학년이 되면 슬슬 달라지기 시작한다. 호기심도 별로 없어지고, 질문도 잘 안 하고, 책을 가까이 하지 않는다. 스마트폰으로 영상을 보려고 하고, 게임만 하려고 하며 TV만 보려고 한다. 중학생이 되면, 요일별로 챙겨 보는 웹툰이 생기고, 남학생은 스포츠를 즐기게 되며, 여학생은 외모 가꾸기에 여념이 없다. 요일별로 챙기는 공부가 있거나 요일별로 즐겨 보는 책이 있었으면 좋겠는데, 그런 것은 선택지 안에 포함되지 않는다.

그리고 이 아이들이 마침내 고등학생이 된다. 사춘기도 끝나고, 대입이라는 것이 현실성 있게 다가온다. 모든 아이들이 정신을 번쩍 차리게 된다. 고등학생 1학년 때 정신 차리지 않은 것처럼 보이는 아이들도 사실 그 마음에는 정신을 차리고 있다. 그런데 고등학교 첫 중간고사를 보는 순간 다시 먼 방황의 길로 빠져든다. 그리고 이렇게 말한다.

"문제가 이해 안 돼."

국어 시험 문제만 이해를 못하는 것이 아니다. 수학도, 과학도 이해를 못한다. 누군가 문제를 해석해 주면 그제야 "아~ 이게 그 말이었어?"라고 말한다. 도대체 왜 그럴까? 모든 감각을 동원해서 '엄마'라는 말을 스스로 만들어 내던 인지 능력은 다 어디로 갔는가? 한국말로 쓰여 있는데 왜 이해를 못할까? 왜 마치 모르는 외국어를 통역해 주듯이 문제를 통역해 주어야 할까?

어떤 사람들은 이것을 문제를 많이 풀어 보지 않아서 그런 것이라고 말하면서, 문제를 많이 풀어 보면 자연스럽게 해결된다고 한다. 그래서 문제지를 쌓아 두고 풀어 보고 답 맞춰 보고, 풀어보고 답 맞춰 보고를 반복한다. 과연 효과가 있던 가? 그럴 리 없다. 똑같은 문제인데도 이렇게 말한다.

"못 보던 문제가 나왔는데, 이해가 안 되더라고!"

문제를 많이 푼다고 해결되지 않는다. 방법이 틀렸다. 초등학교 4학년 이후 책을 읽어야 한다. TV, 스마트폰보다 책을 더 가까이 해야 한다. 누군가 하는 말을 듣는 것만으로 인지 능력이 발달하던 시기가 10세를 마지막으로 종결되었으니, 이제 스스로 찾아서 읽고, 쓰고, 질문하면서 공부를 해야 한다. 부모가 아이를 데리고 같이 도서관을 가거나 서점을 가거나 늘 책이 있는 곳에 가서 스스로 한 글자라도 읽도록 해 주었어야 한다.

이렇게 해서 성인 수준의 어휘력을 길렀어야 하고, 성인 수준의 이해력을 길렀어야 하고, 성인 수준의 논리력을 길렀어야 하고, 성인 수준의 표현력을 길렀어야 한다. 그런데 이 시기를 스마트폰과 TV와 컴퓨터에 빼앗겼고, 결과적으로 어휘력도 없어지고, 이해력도 없어지고, 표현력도 없어지고, 논리력도 없어졌다. 그렇다. 문제는 수학, 과학, 사회, 역사, 영어가 아니라, 그냥 국어다. 한국 사람은 한국어를 잘해야 공부를 잘한다!

스마트폰의 뇌 VS 독서의 뇌

누군가는 정보화 시대가 되었는데, 필요할 때 정보를 찾아서 사용하는 법을 알려 주면 되지, 책이 무슨 소용이냐고 말할지도 모른다. 스마트폰 하는 세대를 그대로 두라는 것이다. 미안한데, 이건 우리 뇌를 몰라도 한참 몰라서 하는 말이다. 우리 뇌는 구석기 시대 디자인이 아직도 유효한 상황이다. 그리고 구석기 시대에는 스마트폰이 없었다. 우리 뇌에게 익숙한 것은 책에 적힌 언어이지, 스마트폰에서 상영되는 영상이 아니다!

더 이야기해 보자. 필요할 때 정보를 적절히 찾는 능력은 어디서 나오는가? 더 쉽게 말해 보통 검색을 할 때는 키워드를 입력하는데, 키워드는 어디서 나오는가? 또 검색한 정보가 믿을 만한지 어떻게 아는가? 더 나아가서 인터넷에 떠도는 정보들이 과연 검증된, 권위 있는 정보인가? 물론 권위 있는 정보가 있긴 하다. 가끔 돈으로 검색어를 조작하기도 하지만 말이다.

하나 더! 무엇을 검색해야 할지 생각이 떠오르는가? 즉, 나에게 뭐가 필요한지는 어떻게 아는가? 그냥 아무것도 모르는데 막 생각이 솟구치는가? 이 모든 것의 답은 내 머릿속에 어느 정도 지식이 갖춰져 있어야 한다는 것이다. 정보화 시대는 정보가 넘쳐나는 사회라는 뜻이지, 가만히 있어도 그 정보가 내 지식이 되는 사회라는 뜻이 아니다.

정보가 내 지식이 되는 방법은 구석기 시대부터 지금까지 바뀐 적이 없다.[2] 스스로 읽고, 찾고, 경험하고, 표현하고, 행동해야 한다. 스마트폰만 보면서 수동적으로 있는 것은 소극적 인간, 스마트폰의 노예, 문제도 해석하지 못하는 인간을 만들 뿐이지, 지식을 갖춘 인간을 만들어 주지 않는다. 지식이라는 것은 어휘력을 갖추고, 타인의 지식을 내 언어로 표현해 보려고 하고, 서로 다른 지식들을 연결하여 새로운 소양을 만들고, 현재 경험과 과거 경험을 연결하고, 현재 감각 기관에 입력된 정보와 과거에 이미 입력되어 있던 식견을 연결하는 과정에서 탄생하지, 스마트폰이 만들어 주는 것이 아니다.

독서를 하면서 자란 아이들과 스마트폰을 하면서 자란 아이들이 고등학생이 되었을 때 이런 차이를 보인다. 먼저, 어휘력에서 차이가 난다.[3] 한두 단어 차이가 아니다. 5만 단어 이상 차이가 난다. 이제 좀 이해가 된다. 5만 단어를 더 아는 고등학생과 그렇지 않은 고등학생. 후자는 아마 문제를 이해하지 못하는 고등학생일 것이다. 문제에 나온 단어도 모르는데, 문제를 풀 수 있겠는가?

둘째, 이해력에서 차이가 난다. 이것은 어휘력의 격차에서 비롯된 당연한 결과다. 문제는 의외의 장면에서 나타난다. 관계적 갈등이 발생하는 것이다. 선생님의 말을 이해하지 못하니 갈등이 발생하고, 엄마의 말을 이해하지 못하니 갈등이 발생하고, 아빠의 말을 이해하지 못하니 갈등이 발생하고, 친구의 말을 이해하지 못하니 갈등이 발생한다. 즉, 사회생활의 기본이라고 할 수 있는 공감 능력이 총체적으로 저하된다.[4] 이 해력의 차이로 공부를 못하게 되는 것은 그냥 그 개인의 문제 이지만, 갈등이 발생하여 관계에 문제가 생기면 더 이상 개인 의 문제가 아니다! 내 아이가 아직 사춘기인 것 같다고? 그래 서 갈등이 생긴다고? 아니다. 그냥 내 아이가 국어를 못해서 갈등이 생긴다!

셋째, 표현력에서 차이가 난다. 표현력이 무엇인가? 맥락 과 상황에 맞는 말과 행동을 하는 것이 표현이다. 또 내 머릿 속에는 있지만 다른 사람들 머릿속에는 없는 그림을 말로 설 명할 수 있는 것이 표현력이다. 독서하면서 어휘력과 이해력 을 갖추고 고등학생이 된 아이들은 바로 이 표현력을 가지지 만, 스마트폰을 하면서 이것을 갖추지 않은 아이들은 이 표현 력이 없다. 말 그대로다. 표현력이 그냥 없다. 엉뚱한 이야기 를 하고, 상황에 맞지 않는 이야기를 한다. 머릿속에 있는 심 상(imagery)을 마치 진짜 보이는 것처럼 언어적으로 표현할 능 력이 없다. 논술 시험에서 기본적인 주술 호응도 안 되는 글을 써놓고 "왜 떨어졌는지 모르겠다." 하는 경우도 생긴다.

넷째, 주의 집중력에서 차이가 난다. 영어 단어나 수학 공식 을 외우는 것 같은 언어적 공부이든, 농구의 자유투나 레이업 슛을 연습하는 것 같은 비언어적인 공부이든 핵심은 일정 시 간 주의를 집중해야 한다는 것이다. 그런데 스마트폰만 보면 서 수동적인 정보만 습득하는 데 익숙한 사람들에게는 스스로 주의를 집중할 힘이 없다. 또한 스마트폰에서 보여 주는 환경이 늘 이 정보 저 정보가 떠돌아다니는 멀티 환경이기 때문에 한 가지에만 주의를 기울인다는 것 자체에 익숙하지 않다. 그러나 지식을 형성하기 위해서는 한 가지에만 주의를 기울이는 시간을 피할 수 없다.

다섯째, 문제해결 능력에서 차이가 난다.[5] 이는 앞에서 언급한 네 가지를 조합해 보면 알 수 있다. 독서를 통해 어휘력, 이해력, 표현력, 집중력을 기른 아이들은 문제를 언어적으로 이해하고, 자신의 말로 표현한 후 그것에 집중하여 문제를 해결한다. 그런데 그렇지 못한 아이들은 문제를 이해하지 못하고, 자기 언어로 표현하지도 못하며, 문제에 집중하지도 못하고 결국 실패한다. 실제로 독서하는 청소년의 대뇌피질 용량이 스마트폰 하는 청소년의 대뇌피질 용량보다 큰데, 이는 스마트폰을 통한 수동적 정보 습득이 지식을 형성해 주지 못했음을 시사한다.[6]

여섯째, 이 모든 차이가 친구 그룹을 결정한다. 쉽게 말해 사회계층을 만들어 버리기도 한다. 어휘력, 이해력, 표현력, 집중력이 높은 아이들이 자기들끼리는 말이 통하기 때문에 친구가 되지만, 그렇지 않은 아이들과는 친구가 되지 못한다. 일단 말이 안 통하기 때문이다. 어휘력, 이해력, 표현력, 집중력이 낮은 아이들도 결국 쉬운 말을 쓰고, 낮은 수준의 인지 능력을 구사하는 사람들끼리 친구가 된다. 그래서 너무 자연스럽게 누가 뭐라 하지 않아도 계층이 생긴다. 소위 말하는 클래스가 달라진다. 이러한 차이는 성인이 되었을 때의 사회경제적 지위 차이로 나타나기도 한다.

조금 극단적으로 보일 수 있으나 책 많이 읽은 사람이 높은 사회경제적 지위를 가지게 되고, 그렇지 않은 사람의 사회경제적 지위는 낮아난다.[7] 그리고 이러한 사회경제적 지위 차이는 나이를 한 살 한 살 더 먹을수록 줄어들지 않고, 오히려 더 커진다. 즉, 양극화되는 것이다. 이것을 있는 자 더 있게 되고, 없는 자는 있는 것도 빼앗기게 된다는 성경의 마태복음 구절에 따라 '마태 효과'라고 부른다.[8]

독서 따라잡기

이 책을 읽으면서 내가 잘 하고 있었구나 하는 사람이 몇 명이나 될지 의문이다. 대부분 늦었다고 생각하지 않을까? 그렇다면 방법은 없는 걸까? 일단 늦었다고 생각된다면, 정말 많이 늦었음을 알아야 한다. 예전에 개그맨 박명수 씨가 한 라디오 프로에서 "늦었다고 생각할 때는 진짜 늦은 거다."라고 말해 명언이 되었는데, 이에 동의한다. 이건 팩트다.

이때 할 수 있는 방법은 늦은 만큼 3배, 4배로 달려가는 것이다. 시간을 되돌릴 순 없다. 그런데 지금 내가 가진 시간을 최대로 활용할 수는 있다. 당장 책을 읽기 시작하라. 어휘력을 기르는 데 시간을 쓰고, 이해력이 따라오게 하고, 그 결실이 표현력과 문제해결력으로 나타나게 해야 한다.

일단 독서에 대한 책부터 읽어 보자. 즉 '책 읽기'에 대한 책부터 시작해 보면 좋겠다. 개인적으로는 책 읽기의 고전 『How to read a book』을 추천하고 싶다. 우리말로 번역된 책도 있으니 구매하거나 빌려서 보길 바란다. 다음으로 시도해 볼 것은 이 고전에 나와 있는 방법대로 책을 읽어 보는 것이다. 그러다 보면 어느 순간 의식하지 않아도, 즉 의도적으로 분석하면서 혹은 종합적으로 사고하면서 책을 보려고 하지 않아도 분석하고 종합하고 있는 자신을 발견할 것이다.

책 읽는 양을 이야기하자면, 일주일에 한 권을 목표로 하면 좋겠다. 물론 이 한 권에 학교 교과서, 문제지, 시사 주간지, 신문, 만화 등은 제외다. 유명한 소설도 좋고, 처세술이나 자기계발서도 좋고, 심리학에 관한 책도 좋고, 교양 수준의 과학도서, 인문학 도서 중 어느 것이든 일주일에 한 권을 읽으면 좋겠다. 처음엔 쉽지 않을 것이다. 일단 읽는 속도가 충분하지 않을 것이기 때문이다. 그럼에도 일단 한 달 정도 이렇게 해 보면 읽는 속도가 빨라질 것이고, 일주일에 두 권도 가능해질 수 있다.

읽는 속도가 빨라진다는 것은 다양한 의미를 내포한다. 일단 어휘력이 증가했다는 것이다. 또 단어 인식 능력이 빨라졌다는 것이다. 아울러 단어의 의미 해석 능력이 증가했다는 것이다. 즉, 전반적인 인지 능력이 상승했다고 볼 수 있다. 필자가 진정으로 원하는 것이 바로 이런 것이다. 이것이 바로 당신의 능력이요, 실력이요, 무슨 일을 하든지 잘하게 만들 수 있는 든든한 기초가 되어 줄 것이다.

한 권을 읽은 후, 다음에 읽을 책을 선택하는 것에도 조언이 필요하다. 필자가 제안하고 싶은 방법은 어떤 책이든 그 책이 참고한 문헌들이 있는데, 그 책이 참고한 다른 책을 선택해 보는 방법이 있다. 이러한 방법을 '네트워크 독서법'이라고 부른다.[9] 네트워크 독서법의 또 다른 방법은 인터넷 서점 홈페이지에서 내가 읽은 책을 검색한 후, 그 책을 구매한 사람들이 또 어떤 책을 읽었는지 보는 것이다. 그리고 그 목록에서 한 권을 정해서 구매할 수도 있다. 이렇게 하다 보면 자연스럽게 다양한 장르와 주제, 분야의 책들을 읽게 될 것이다.

책 읽는 시간을 이야기하자면, 한 페이지라도 읽을 수 있는 모든 시간이라고 말하고 싶다. 책의 좋은 점은 읽은 부분까지 표시해 놓고, 그다음으로 옮겨 갈 수 있다는 것이다. 중간에 끊겨도 언제든지 다시 이어 갈 수 있다. 이는 당신이 마음만 먹으면 언제나 책을 읽을 수 있다는 것이다. 지하철에서도, 버스에서도, 화장실에서도 당신은 책을 볼 수 있다. 수업과 수업 사이의 쉬는 시간에도 책을 볼 수 있고, 사실 날씨만 좋다면 걸으면서도 책을 볼 수 있다. 걸으면서 스마트폰을 보는 것을 걸으면서 책을 보는 것으로 바꾸는 것만으로도 삶은 많이 변화한다.

혹시 오해할까 싶어 덧붙이자면, 지금까지 필자가 이야기한 책은 종이로 된 책이다. 즉, 인쇄물 형태의 책이다. 혹시 e-북을 염두에 두고 있었다면, 미안하다. 하지만 스마트폰을 사용하는 책 보기는 책에서 주의를 뺏어갈 요소가 너무 많기에 거절한다. 그리고 우리 뇌는 스마트폰을 사용한 책 보기에 익숙하지 않고, 학습으로 이해하지 못할 가능성이 높다는 점도 e-북을 거절하는 이유 중 하나다. 우리 뇌는 스마트폰 사용을 주의 분산 혹은 놀이로 인식할 수 있는데, 이러한 것은 모두 읽기의 효과를 저해시키는 요인으로 작용할 수 있다.

> "스마트폰은 당신을 배신할 수 있다.
> 그러나 책은 당신을 배신하지 않는다!"

기억력이 좋지 않은 사람은 양심의 가책도 적게 받는다.

— 존 오스본

13장 모든 스트레스가
공부가 된다

부대끼며 만들어
가는 공부의
즐거움

"저는 스트레스 생길 것 같으면 처음부터 하지 않아요."

"즐거운 일만 하기에도 인생이 짧은데 왜 스트레스를 받으며 살까요."

"뭔가 이루기 위해 스트레스를 받기보다는 현실을 인정하는 것이 삶의 지혜인 것 같아요."

암 발생 원인 1위. 스트레스. 현대사회 어디를 봐도 스트레스에 대한 경고는 빠지지 않는다. 스트레스는 나쁜 녀석이 분명하다. 독(毒) 중의 독이다. 스트레스라는 단어가 주는 거부감은 그래서 상당하다. 그래서 그런지 스트레스를 없애 줄 것 같은 감성의 말이 SNS에서 큰 인기를 끌고 있다.

"꿈을 잡으세요. 하고 싶은 거 하면서 살아요."

"바라는 대로, 꿈꾸는 대로, 즐겁게, 재미있게."

"뭐든지 재미있으면 된다."

머리보다는 마음이 좋아할 말들이다. 그렇게 살면 얼마나 좋을까. 필자도 마음 한 편에 이런 글들을 쌓아 놓고 산다. 스트레스 없이 재밌게 살 수 있다니. 스트레스만 없으면 된다. 그래서 궁금해졌다.

'의미 있는 성과를 내고자 하는 노력이 의미 없게 되거나 의미 없게 될 것 같을 때 나타나는 것'[1]을 스트레스라 정의한다. 뭔가 잘해 보고자 하는데 잘 안 될까 봐 전전긍긍하는 것이 스트레스란다. 그런데 이 사전적 의미를 살펴보면 '스트레스 없이 살 수 있는 방법'이 보인다. 말장난처럼 보이지만 말이 된다. '의미 없이 살면 된다.' '노력하지 않으면 된다.' '뭘 원하지 않으면 된다.' 그냥 놀고 재미를 추구하며 삶 속에서 의미와 공동체를 위한 희생과 기여 등을 삭제하면 된다. 간단하다.

이제 정리가 된다. 스트레스 없는 삶은 의미 없는 삶이다. 아마 의미 없는 삶도 의미가 있으며 공동체를 위한 기여보다 개인적 삶에 집중하는 것도 삶의 한 방편이라고 생각할 수도 있다. 맞다. 하지만 인간은 의미를 지향하며 살게끔 디자인 되어 있다. 그리고 스트레스 없이 사는 것도 의미 있는 지향이다. 스트레스 없이 살기 위해 노력할 것이며 스트레스를 받을까 봐 걱정할 것이다. 인간의 굴레는 이래서 어렵다.

공부와 좋은 스트레스

스트레스 유발 요인 중 대표적인 것이 공부다. 공부는 왜 하는가? 다른 많은 이유가 있겠지만 개인적 성취와 공동체에 기여하기 위해서다. 미래의 모습을 상상하며 오늘에 투자하는 것이며 인간으로서 무언가를 알고 깨닫는 즐거움을 위해서 공부한다.

그런데 문제는 이런 원대한 목표를 이루는 과정이 스트레스라는 것이다. 특히 시험이라는 관문을 넘기 위한 공부는 고문에 가깝다. 언어로 정리된 지식을 생각하고 이해하고 외운다. 그리고 써 보고 문제를 풀며 확인한다. 인생은 언어로만 된 것이 아닌데. 언어들을 이렇게 저렇게 조립해 보는 과정에서 스트레스를 받는다. 절차적 지식을 공부하는 사람은 기술을 연마하고, 동작을 시뮬레이션하고, 모방하고, 언어적으로 표현된 기술을 그림으로 상상하고 확인하는 과정이 반복된다. 스트레스 또 받는다.

공부해서 남 준다고 안 했는데 스트레스를 받으니 공부에 대한 이미지가 무척 안 좋다. 하지만 이건 우리가 나쁜 스트레스에 대해서만 알고, 좋은 스트레스에 대해서는 모르기 때문이다. 이런 공부를 하는 사람들에게 발생하는 스트레스는 나쁜 스트레스가 아니라 좋은 스트레스다. 발생하는 호르몬부터가 다르다. 스트레스 호르몬으로 익히 알고 있는 코르티솔(cortisol)이 분비되는 것이 아니라, 아마 처음 들어 보는 호르몬일 가능성이 있는 DHEA(디하이드로에피안드로스테론, dehyroepiandrosterone)가 분비된다.[2]

코르티솔은 만병의 근원이다. 코르티솔은 도저히 감당할 수 없는 인생의 무게를 경험할 때 나오는 나쁜 스트레스 호르몬이다. 과거 구석기 시대부터 지금까지 사람들은 호랑이나 곰 같은 맹수에 직면했을 때, 죽을 위기에 처했을 때, 인간이 감당하기 힘든 자연재해를 경험할 때, 큰 사고를 겪었을 때, 코르티솔이 분비된다. 코르티솔은 위기 상황을 피하게 만드는 투쟁-도피 반응을 유도하고, 투쟁-도피와 관계없는 소화나 생리 작용은 멈추게 하기에 소화불량이나 변비를 유발하며, 이런 위기 상황이 지속되면 신체의 에너지와 집중력이 고갈되어 아무것도 할 수 없는 탈진(burn-out) 상태가 된다. 심하면 만성피로, 만성두통, 우울증과 극심한 불안, 공황장애도 겪을 수 있다.

보시다시피 현대인은 맹수의 위협도 대부분 받지 않고, 감당하기 어려운 자연재해도 드물며, 큰 사고를 겪는 일도 점점 줄고 있다. 물론 뉴스는 마치 전 세계가 사고로 가득 차 있는 것처럼 보도를 쏟아 내지만, 실제로는 그렇지 않다. 세상은 점점 좋아지고 있다.[3] 즉, 현대인이 극심한 스트레스라고 볼 수 있는 상황, 코르티솔이 엄청나게 분비되는 상황은 아니다.

다른 말로 하면 당신은 코르티솔이 분비되는 스트레스보다 DHEA가 분비되는 좋은 스트레스를 경험할 확률이 더 높은 세상에 살고 있다. DHEA는 가치 있고, 의미 있고, 공동체에 기여하는 목표를 추구하는 과정에서 발생하는 좋은 스트레스 호르몬이다. 내가 DHEA를 좋은 스트레스라고 하는 것은 집중력을 향상시켜 주고, 뇌 기능과 심장 기능 향상과 원활한 혈액 순환, 불안 및 우울 감소, 인지 및 신체 기능 향상에 도움을 주기 때문이다. 코르티솔이 병을 준다면, DHEA는 건강과 능력을 준다.

그뿐만 아니라 DHEA는 엔도르핀과 아드레날린, 테스토스테론, 도파민 등의 화학물질이 복합적으로 뒤섞여 동기와 의욕을 불러일으킨다. 스트레스 반응의 이런 면은 일부 사람이 스트레스를 즐기는 또 다른 이유이기도 하다. 약간의 쾌감을 제공하기 때문이다. 더불어 이 화학물질들은 우리에게 자신감을 선사한다. 우리가 보다 적극적인 자세로 목표를 추진하게 하며, 기분 좋은 화학물질을 대량으로 분비시키는 것이 무엇이든 그것에 접근하도록 만든다. 일부 과학자들은 이런 현상을 '스트레스의 흥분되고 즐거운 면모'라고 부른다. 이런 모습은 비행기에서 뛰어내리는 스카이다이버나 사랑에 빠진 사람들에게서 모두 볼 수 있다.[4] 만약 박빙의 승부가 펼쳐지는 경기를 관람하거나 마감일을 맞추려고 급히 서두르면서 짜릿한 전율을 느꼈다면, 여러분도 스트레스의 다른 면을 알고 있는 것이다.

미술가, 운동선수, 외과의사, 음악가, 뛰어난 건축가 등은 자신의 기능이나 기량을 발휘할 때 하나같이 이런 종류의 스트레스 반응을 보인다.[5] 어떤 분야의 정상급 인사들이라고 하더라도 중요한 일을 앞두고 생리적으로 평온할 수 없다. DHEA가 유발될 정도의 스트레스 반응은 정신적 자원과 육체적 자원을 활용할 수 있도록 만들어 결과적으로 자신감이 향상되고 집중력이 좋아지며 최고의 성과가 나온다.[6]

최적의 상태

몸에서 DHEA라는 좋은 스트레스 호르몬을 분비할 기회를 만들고 있는가? 아니면 그런 기회를 박탈하고 있는가? 과유불급! 뭐든 지나치면 독이 되지만, 지나치지 않으면 유익하다. 심리학자들이 발견한 현상 중에는 거꾸로 된 U자 형태 그래프가 많은데(∩), 스트레스도 마찬가지다. '∩.' 이러한 모양의 그래프가 나온다. 적정 수준까지는 스트레스가 많아질수록 능력이 올라가다가 어느 순간 도를 넘어선 스트레스가 오면 오히려 모든 능력이 감소한다. 이렇게 꺾이기 전까지는 DHEA가 분비되고, 꺾인 후에는 코르티솔이 분비된다. 이러한 현상을 '여키스-도슨 법칙(Yerkes-Dodson Law)'이라고 부른다.[7]

그리고 대부분의 공부는 적정 수준의 스트레스까지만 유발한다. 공부가 당신을 완전히 지치게 만들거나, 우울하게 하거나, 불안하게 하거나, 소화가 안 되게 만들지 않는다. 공동체에 기여하려는 목표를 추구하는 과정은 오히려 집중력을 높이고, 자기 통제력을 발휘하게 해 주면서 넓은 시야와 좁은 시야를 적절히 스위치할 줄 알게 해 주고, 전반적으로 인간의 인지와 신체를 최적의 상태로 만든다.

이처럼 공부 스트레스는 당신의 몸과 마음을 항상 최적의 상태로 만들어 줄 것이다. 그리고 이러한 최적 상태는 언제 어디서나 당신의 실력을 발휘하는 것에 도움을 줄 것이고, 궁극적으로 당신의 성공에 기여할 것이다. 사실 이것이 바로 행복이다. 행복에 대한 여러 가지 정의가 있지만, 행복에 대한 OECD의 공식적인 정의는 바로 최적 상태(good mental state)다.[8] 최적 상태가 되기 위해서는 두 가지 조건이 필요한데, 첫째, 내 삶을 긍정적으로 평가할 수 있어야 한다. 둘째, 순간의 경험에 긍정적으로 반응하고 대처할 수 있어야 한다.

공부는 바로 당신이 항상 최적 상태를 유지하는 것에 도움을 줄 것이다. 즉, 당신의 삶을 긍정적으로 평가하는 데 기여하는 것도 공부요, 변화무쌍한 상황에 적절히 대처하고 반응하면서 긍정 정서를 경험하게 하는 것도 바로 공부이다.

이런 이유 때문일까? 최근 청소년 행복 보고서에 재미있는 조사 결과가 발표되었다.[9] 청소년이 자신의 행복에 가장 중요하다고 생각하는 것이 무엇인지 물은 후 실제로 행복과 가장 상관관계가 높은 것이 무엇인지 분석한 조사였는데, 한 번 예측해 보시라. 청소년은 뭐가 행복에 가장 중요하다고 생각했을까?

1위는 바로 외모다. 멋있고, 예쁘고, 허세도 좀 있고, 노래와

춤에 능하고, 게임할 때도 아이템빨(?) 세우는 것이 바로 외모다. 그럼 이렇게 외모에 신경 쓰는 아이들이 진짜로 행복했을까? 정말 미안하게도 외모에 신경 쓰는 아이일수록 불행했다. 즉, 외모가 행복을 준다고 생각해서 외적인 것을 추구해 나가지만 정작 그들에게 행복을 주진 못한 것이다.

반대로 청소년은 공부가 행복에 미치는 영향이 가장 적을 것이라고 답변했다. 그런데 자신이 행복하다고 스스로 판단한 학생들은 대부분 그냥 공부 열심히 하는 청소년이었다. 공부가 가장 중요하지 않다고 응답했지만, 정작 아이들의 행복에 도움을 주는 것은 공부였던 것이다. 공부를 너무 미워하지 말자. 행복을 줄 수도 있다.

"공부 스트레스는 문제 해결력을 높여 준다."

1장

1) Poole, S. (2016). *Rethink: the surprising history of new ideas*. New York, NY: Simon and Schuster.

2) Erikson, E. H. (1994). *Identity and the life cycle*. New York, NY, US: W W Norton & Co.

3) Ryan, R. M., & Deci, E. L. (2000). Self-determination theory and the facilitation of intrinsic motivation, social development, and well-being. *American Psychologist, 55*(1), 68-78.

4) Ryan, R. M., Huta, V., & Deci, E. L. (2008). Living well: A self-determination theory perspective on eudaimonia. *Journal of Happiness Studies, 9*(1), 139-170.

5) Tulving, E. (2002). Episodic memory: From mind to brain. *Annual Review of Psychology, 53*(1), 1-25.

6) Park, C. L., Riley, K. E., & Snyder, L. B. (2012). Meaning making coping, making sense, and post-traumatic growth following the 9/11 terrorist attacks. *The Journal of Positive Psychology, 7*(3), 198-207.

7) Tulving, E. (1972). Episodic and semantic memory. In E. Tulving & W. Donaldson, *Organization of memory*. Oxford, England: Academic Press.

8) Roediger, H. L. (1990). Implicit memory: Retention without remembering. *American Psychologist, 45*(9), 1043-1056.

9) Wrzesniewski, A., McCauley, C., Rozin, P., & Schwartz, B. (1997). Jobs, careers, and callings: People's relations to their work. *Journal of Research in Personality, 31*(1), 21-33.

10) Berg, J. M., Dutton, J. E., & Wrzesniewski, A. (2013). *Job crafting and meaningful work*. Purpose and meaning in the workplace, 81-104.

2장

1) Baron, N. S. (2015). *Words onscreen: The fate of reading in a digital world*. New York, NY, US: Oxford University Press.

2) Ulin, D. L. (2010). *The lost art of reading: Why books matter in a distracted time*. Seattle, Washington: Sasquatch Books.

3) Foerde, K., Knowlton, B. J., & Poldrack, R. A. (2006). Modulation of competing memory systems by distraction. *Proceedings of the National Academy of Sciences, 103*(31), 11778-11783.

4) Levitin, D. J. (2014). *The organized mind: Thinking straight in the age of information overload*. London, England: Penguin.

5) Haier, R. J., Siegel Jr, B. V., MacLachlan, A., Soderling, E., Lottenberg, S., & Buchsbaum, M. S. (1992). Regional glucose metabolic changes after learning a complex visuospatial/motor task: a positron emission tomographic study. *Brain Research, 570*(1-2), 134-143.

6) Schoenfeld, W. N., Cumming, W. W., & Hearst, E. (1956). On the classification of reinforcement schedules. *Proceedings of the National Academy of Sciences of the United States of America, 42*(8), 563-570.

7) Yukl, G., Wexley, K. N., & Seymore, J. D. (1972). Effectiveness of pay incentives under variable ratio and continuous reinforcement schedules. *Journal of Applied Psychology, 56*(1), 19-23.

8) Olds, J., & Milner, P. (1954). Positive reinforcement produced by electrical stimulation of septal area and other regions of rat brain. *Journal of Comparative and Physiological Psychology, 47*(6), 419-427.

9) Kringelbach, M. L., & Berridge, K. C. (2018). The joyful mind. *Scientific American, 27*, 72-77.

10) Przybylski, A. K., & Weinstein, N. (2019). Violent video game engagement is not associated with adolescents' aggressive behaviour: Evidence from a registered report. *Royal Society Open Science, 6*(2), e171474-171474.

11) Tang, Y. Y., Rothbart, M. K., & Posner, M. I. (2012). Neural correlates of establishing, maintaining, and switching brain states. *Trends in Cognitive Sciences, 16*(6), 330-337.

12) Konrath, S. H., O'Brien, E. H., & Hsing, C. (2011). Changes in dispositional empathy in American college students over time: A metaanalysis. *Personality and Social Psychology Review, 15*(2), 180-198.

13) 샌드박스 네트워크. (2018). 나는 유튜브 크리에이터를 꿈꾼다. 경기: 위즈덤하우스.

14) Wolf, M., & Stoodley, C. J. (2008). *Proust and the squid: The story and science of the reading brain.* New York, NY: Harper Perennial.

15) Vaillant, G. E. (2008). *Aging well: Surprising guideposts to a happier life from the landmark study of adult development.* Boston, MA: Little, Brown.

16) Vaillant, G. E. (2012). *Triumphs of experience.* Cambridge, MA: Harvard University Press.

3장

1] Diener, E., Ng, W., Harter, J., & Arora, R. (2010). Wealth and happiness across the world: Material prosperity predicts life evaluation, whereas psychosocial prosperity predicts positive feeling. *Journal of Personality and Social Psychology, 99*(1), 52-61.

2] Roediger III, H. L., & Karpicke, J. D. (2006). Test-enhanced learning: Taking memory tests improves long-term retention. *Psychological Science, 17*(3), 249-255.

3] Tulving, E., Kapur, S., Craik, F. I., Moscovitch, M., & Houle, S. (1994). Hemispheric encoding/retrieval asymmetry in episodic memory: positron emission tomography findings. *Proceedings of the National Academy of Sciences, 91*(6), 2016-2020.

4] Duncan, K., Tompary, A., & Davachi, L. (2014). Associative encoding and retrieval are predicted by functional connectivity in distinct hippocampal area CA1 pathways. *Journal of Neuroscience, 34*(34), 11188-11198.

5] Ratcliff, R. (1978). A theory of memory retrieval. *Psychological Review, 85*(2), 59-108.

6] Barrett, H. C., & Broesch, J. (2012). Prepared social learning about dangerous animals in children. *Evolution and Human Behavior, 33*(5), 499-508.

7] Wolf, M., & Stoodley, C. J. (2008). *Proust and the squid: The story and science of the reading brain.* New York, NY: Harper Perennial.

8] Dehaene-Lambertz, G., Hertz-Pannier, L., & Dubois, J. (2006). Nature and nurture in language acquisition: anatomical and functional brain-imaging studies in infants. *Trends in Neurosciences, 29*(7), 367-373.

9] Sakai, K. L. (2005). Language acquisition and brain development. *Science, 310*(5749), 815-819.

10] Nairne, J. S., Thompson, S. R., & Pandeirada, J. N. S. (2007).

Adaptive memory: Survival processing enhances retention. *Journal of Experimental Psychology: Learning, Memory, and Cognition, 33*(2), 263-273.

11) Laroche, S., Davis, S., & Jay, T. M. (2000). Plasticity at hippocampal to prefrontal cortex synapses: dual roles in working memory and consolidation. *Hippocampus, 10*(4), 438-446.

12) Dawkins, R. (2016). *The Selfish Gene*. Oxford, England, UK: Oxford University Press.

4장

1) Loewenstein, G. (1994). The psychology of curiosity: A review and reinterpretation. *Psychological Bulletin, 116*(1), 75-98.

2) James, W. (1890). *The principles of psychology*. New York, NY, US: Henry Holt and Company.

3) Attentive(뭔가에 집중한 상태), Active(뭔가에 적극적으로 참여한 상태), Alert(정신이 또렷하고 맑은 상태), Excited(뭔가 신이 난 상태), Enthusiastic(뭔가에 열정적인 상태), Determined(뭔가 결단력을 발휘한 상태), Inspired(뭔가에 영감을 얻은 상태), Proud(자부심을 느끼거나 성취감을 느낀 상태), Interested(뭔가 흥미진진한 상태), Strong(자신의 한계를 뛰어넘은 상태)

4) Watson, D., Clark, L. A., & Tellegen, A. (1988). Development and validation of brief measures of positive and negative affect: The PANAS scales. *Journal of Personality and Social Psychology, 54*(6), 1063-1070.

5) Zung, W. W. (1965). A self-rating depression scale. *Archives of General Psychiatry, 12*(1), 63-70.

6) Killingsworth, M. A., & Gilbert, D. T. (2010). A wandering mind is an unhappy mind. *Science, 330*(6006), 932-932.

7) Choi, J., Catapano, R., & Choi, I. (2017). Taking stock of happiness and

meaning in everyday life: An experience sampling approach. *Social Psychological and Personality Science, 8*(6), 641-651.

8) Plato. *Apology.* 21d

5장

1) Berntsen, D. (1996). Involuntary autobiographical memories. *Applied Cognitive Psychology, 10*(5), 435-454.

2) Humphreys, M. S. (1976). Relational information and the context effect in recognition memory. *Memory & Cognition, 4*(2), 221-232.

3) Smith, S. M., Glenberg, A., & Bjork, R. A. (1978). Environmental context and human memory. *Memory & Cognition, 6*(4), 342-353.

4) Buchanan, T. W. (2007). Retrieval of emotional memories. *Psychological Bulletin, 133*(5), 761-779.

5) Bradley, B. P., Mogg, K., & Williams, R. (1995). Implicit and explicit memory for emotion-congruent information in clinical depression and anxiety. *Behaviour research and therapy, 33*(7), 755-770.

6) Godden, D. R., & Baddeley, A. D. (1975). Context-dependent memory in two natural environments: On land and underwater. *British Journal of psychology, 66*(3), 325-331.

7) Danziger, K., & Mainland, M. (1954). The habituation of exploratory behaviour. *Australian Journal of Psychology, 6*(1), 39-51.

8) Radvansky, G. A., Krawietz, S. A., & Tamplin, A. K. (2011). Walking through doorways causes forgetting: Further explorations. *The Quarterly Journal of Experimental Psychology, 64*(8), 1632-1645.

9) Pavlov, I. P., & Anrep, G. V. (1928). *Conditioned reflexes: An investigation of the physiological activity of the cerebral cortex.* London, UK: Oxford University Press.

10) 파블로프는 종을 사용한 적이 없다.

6장

1) Moffitt, T. E., Arseneault, L., Belsky, D., Dickson, N., Hancox, R. J., Harrington, H., … & Sears, M. R. (2011). A gradient of childhood self-control predicts health, wealth, and public safety. *Proceedings of the National Academy of Sciences, 108*(7), 2693-2698.

2) Pinker, S. (1994). *The language instinct.* New York, NY, US: William Morrow & Co.

3) Wolf, M., & Stoodley, C. J. (2008). *Proust and the squid: The story and science of the reading brain.* New York, NY: Harper Perennial.

4) Wolf, M. (2018). *Reader, come home: The reading brain in a digital world.* New York, NY: Harper Perennial.

5) Sternberg, R. J., & Grigorenko, E. L. (Eds.). (1997). *Intelligence, heredity, and environment.* New York, NY, US: Cambridge University Press.

6) 지능검사 검수는 16년마다 갱신되며, 그때마다 새로운 '100'점이 만들어진다. 지능은 평균을 무조건 100점으로 만들고, 표준편차를 무조건 ±15로 만든 표준화 점수이다.

7장

1) Sternberg, R. J., & Sternberg, K. (2016). *Cognitive psychology.* Orlando, FL, US: Harcourt Brace College Publishers.

2) Neisser, U. (1967). *Cognitive psychology.* East Norwalk, CT, US: Appleton-Century-Crofts.

3) Lindsay, P. H., & Norman, D. A. (1972). *Human information processing: An introduction to psychology.* San Diego, CA, US: Academic Press.

4) Ebbinghaus, H. (1880). *Urmanuskript "Ueber das Gedächtniß".* Passau:

Passavia Universitätsverlag.

5) Ebbinghaus, H. (1885). *Über das gedächtnis: Untersuchungen zur experimentellen psychologie*. Berlin, Germany: Duncker & Humblot.

6) Murre, J. M., & Dros, J. (2015). Replication and analysis of Ebbinghaus' forgetting curve. *PloS one, 10*(7), e0120644.

7) Krueger, W. C. F. (1929). The effect of overlearning on retention. *Journal of Experimental Psychology, 12*(1), 71-78.

8) Bloom, K. C., & Shuell, T. J. (1981). Effects of massed and distributed practice on the learning and retention of second-language vocabulary. *The Journal of Educational Research, 74*(4), 245-248.

9) Litman, L., & Davachi, L. (2008). Distributed learning enhances relational memory consolidation. *Learning & Memory, 15*(9), 711-716.

10) Rohrer, D., & Taylor, K. (2006). The effects of overlearning and distributed practise on the retention of mathematics knowledge. *Applied Cognitive Psychology: The Official Journal of the Society for Applied Research in Memory and Cognition, 20*(9), 1209-1224.

11) Brainerd, C. J., & Reyna, V. F. (1989). Output-interference theory of dual-task deficits in memory development. *Journal of Experimental Child Psychology, 47*(1), 1-18.

12) Karsten, A. (1928). Untersuchungen zur Handlungs-und Affektpsychologie. *Psychologische Forschung, 10*(1), 142-254.

13) Langer, E. J. (1989). *Mindfulness*. MA: Addison-Wesley/Addison Wesley Longman.

Langer, E. J. (1975). The illusion of control. *Journal of Personality and Social Psychology, 32*(2), 311-328.

14) Bjork, R. A., Dunlosky, J., & Kornell, N. (2013). Self-regulated learning: Beliefs, techniques, and illusions. *Annual Review of Psychology, 64*, 417-444.

8장

1] Baron, N. S. (2015). *Words onscreen: The fate of reading in a digital world*. New York, NY, US: Oxford University Press.

2] Ulin, D. L. (2010). *The lost art of reading: Why books matter in a distracted time*. Seattle, Washington: Sasquatch Books.

3] Brumby, D. P., Janssen, C. P., & Mark, G. (2019). How do interruptions affect productivity? *In Rethinking Productivity in Software Engineering* (pp. 85-107). Apress, Berkeley, CA.

4] Wang, Y., & Mark, G. (2018, April). The Context of College Students' Facebook Use and Academic Performance: An Empirical Study. In Proceedings of the 2018 CHI Conference on Human Factors in Computing Systems (p. 418). ACM.

5] Konrath, S. H., O'Brien, E. H., & Hsing, C. (2011). Changes in dispositional empathy in American college students over time: A meta-analysis. *Personality and Social Psychology Review, 15*(2), 180-198.

6] Van Cauwenberge, A., Schaap, G., & Van Roy, R. (2014). "TV no longer commands our full attention": Effects of second-screen viewing and task relevance on cognitive load and learning from news. *Computers in Human Behavior, 38*, 100-109.

7] Misra, S., Cheng, L., Genevie, J., & Yuan, M. (2016). The iPhone effect: the quality of in-person social interactions in the presence of mobile devices. *Environment and Behavior, 48*(2), 275-298.

8] Newton, R. (2019). *Authentic Gravitas: Who Stands Out and Why*. New York, NY: Penguin.

9] Marchetti, G. (2014). Attention and working memory: Two basic mechanisms for constructing temporal experiences. *Frontiers in Psychology, 5*, 880-880.

10] Mark, G. (2015). Multitasking in the digital age. *Synthesis Lectures On Human-Centered Informatics, 8*(3), 1-113.

11) Katidioti, I., Borst, J. P., van Vugt, M. K., & Taatgen, N. A. (2016). Interrupt me: External interruptions are less disruptive than self-interruptions. *Computers in Human Behavior, 63*, 906-915.

12) Mark, G., Gudith, D., & Klocke, U. (2008, April). The cost of interrupted work: more speed and stress. In Proceedings of the SIGCHI conference on Human Factors in Computing Systems (pp. 107-110). ACM.

13) Csikszentmihalyi, M., & LeFevre, J. (1989). Optimal experience in work and leisure. *Journal of Personality and Social Psychology, 56*(5), 815-822.

14) Csikszentmihalyi, M., & Csikszentmihalyi, I. S. (Eds.). (1988). *Optimal experience: Psychological studies of flow in consciousness.* New York, NY, US: Cambridge University Press.

15) James, W. (1890). *The principles of psychology.* NY, US: Henry Holt and Company.

16) http://www.theinvisiblegorilla.com/videos.html

17) Simons, D. J., & Chabris, C. F. (1999). Gorillas in our midst: Sustained inattentional blindness for dynamic events. *Perception, 28*(9), 1059-1074.

18) Csikszentmihalyi, M. (1988). The flow experience and its significance for human psychology. In M. Csikszentmihalyi & I. S. Csikszentmihalyi (Eds.), *Optimal experience: Psychological studies of flow in consciousness* (pp. 15-35). New York, NY, US: Cambridge University.

19) Fig. J. (2012). *Inside the Painter's Studio.* Chronicle Books. San Francisco, CA, US: Chronicle Books.

20) Currey, M. (Ed.). (2013). *Daily rituals: How artists work.* New York, NY: Knopf.

9장

1) Polanyi, M. (2009). *The tacit dimension*. Chicago, Illinois, US: University of Chicago press.
2) LeCun, Y., Bengio, Y., & Hinton, G. (2015). *Deep learning*. Nature, 521(7553), 436-444.
3) Mueller, P. A., & Oppenheimer, D. M. (2014). The pen is mightier than the keyboard: Advantages of longhand over laptop note taking. *Psychological Science, 25*(6), 1159-1168.

10장

1) Levitin, D. J. (2014). *The organized mind: Thinking straight in the age of information overload*. New York, NY, US: Plume/Penguin Books.
2) Pilcher, J. J., & Huffcutt, A. I. (1996). Effects of sleep deprivation on performance: A meta-analysis. *Sleep, 19*(4), 318-326.
3) Harrison, Y., & Horne, J. A. (2000). The impact of sleep deprivation on decision making: A review. *Journal of Experimental Psychology: Applied, 6*(3), 236-249.
4) Bryant, P. A., Trinder, J., & Curtis, N. (2004). Sick and tired: Does sleep have a vital role in the immune system? *Nature Reviews Immunology, 4*(6), 457-467.
5) Maurovich-Horvat, E., Pollmächer, T. Z., & Sonka, K. (2008). The effects of sleep and sleep deprivation on metabolic, endocrine and immune parameters. *Prague Medical Report, 109*(4), 275-285.
6) Beccuti, G., & Pannain, S. (2011). Sleep and obesity. *Current Opinion in Clinical Nutrition and Metabolic Care, 14*(4), 402-412.
7) Taheri, S. (2006). The link between short sleep duration and obesity: we should recommend more sleep to prevent obesity. *Archives of*

disease in childhood, 91(11), 881-884.

8) McHill, A. W., & Wright Jr, K. P. (2017). Role of sleep and circadian disruption on energy expenditure and in metabolic predisposition to human obesity and metabolic disease. *Obesity Reviews, 18*, 15-24.

9) Harrison, Y., & Horne, J. A. (2000). The impact of sleep deprivation on decision making: A review. *Journal of Experimental Psychology: Applied, 6*(3), 236-249.

10) Killgore, W. D. (2010). Effects of sleep deprivation on cognition. In *Progress in brain research* (Vol. 185, pp. 105-129). Elsevier.

11) Van Dongen, H., Maislin, G., Mullington, J. M., & Dinges, D. F. (2003). The cumulative cost of additional wakefulness: dose-response effects on neurobehavioral functions and sleep physiology from chronic sleep restriction and total sleep deprivation. *Sleep, 26*(2), 117-126.

12) Horne, J. (1988). Oxford medical publications. *Why we sleep: The functions of sleep in humans and other mammals.* New York, NY, US: Oxford University Press.

13) Kopasz, M., Loessl, B., Hornyak, M., Riemann, D., Nissen, C., Piosczyk, H., & Voderholzer, U. (2010). Sleep and memory in healthy children and adolescents-a critical review. *Sleep Medicine Reviews, 14*(3), 167-177.

14) Diekelmann, S., & Born, J. (2010). The memory function of sleep. *Nature Reviews Neuroscience, 11*(2), 114-126.

15) Walker, M. P., & Stickgold, R. (2010). Overnight alchemy: Sleep-dependent memory evolution. *Nature Reviews Neuroscience, 11*(3), 218-218.

16) Walker, M. P., Stickgold, R., Alsop, D., Gaab, N., & Schlaug, G. (2005). Sleep-dependent motor memory plasticity in the human brain. *Neuroscience, 133*(4), 911-917.

17) Dworak, M., McCarley, R. W., Kim, T., Kalinchuk, A. V., & Basheer, R. (2010). Sleep and brain energy levels: ATP changes during sleep.

Journal of Neuroscience, 30(26), 9007-9016.

18) Siegel, J. M. (2001). The REM sleep-memory consolidation hypothesis. *Science, 294*(5544), 1058-1063.

19) Stickgold, R., Hobson, J. A., Fosse, R., & Fosse, M. (2001). Sleep, learning, and dreams: off-line memory reprocessing. *Science, 294* (5544), 1052-1057.

20) Stickgold, R. (2005). Sleep-dependent memory consolidation. *Nature, 437*(7063), 1272-1278.

21) Walker, M. P., & Stickgold, R. (2004). Sleep-dependent learning and memory consolidation. *Neuron, 44*(1), 121-133.

22) Stickgold, R., James, L., & Hobson, J. A. (2000). Visual discrimination learning requires sleep after training. *Nature Neuroscience, 3*(12), 1237- 1238.

23) Gais, S., Albouy, G., Boly, M., Dang-Vu, T. T., Darsaud, A., Desseilles, M., ... & Maquet, P. (2007). Sleep transforms the cerebral trace of declarative memories. *Proceedings of the National Academy of Sciences, 104*(47), 18778-18783.

24) Ahrberg, K., Dresler, M., Niedermaier, S., Steiger, A., & Genzel, L. (2012). The interaction between sleep quality and academic performance. *Journal of Psychiatric Research, 46*(12), 1618-1622.

25) Wagner, U., Gais, S., Haider, H., Verleger, R., & Born, J. (2004). Sleep inspires insight. *Nature, 427*(6972), 352-352.

26) Walker, M. P., Brakefield, T., Morgan, A., Hobson, J. A., & Stickgold, R. (2002). Practice with sleep makes perfect: sleep-dependent motor skill learning. *Neuron, 35*(1), 205-211.

27) Allen, S. E. (2013). Memory stabilization and enhancement following music practice. *Psychology of Music, 41*(6), 794-803.

28) Mah, C. D., Mah, K. E., Kezirian, E. J., & Dement, W. C. (2011). The effects of sleep extension on the athletic performance of collegiate basketball players. *Sleep, 34*(7), 943-950.

29) Bird, S. P. (2013). Sleep, recovery, and athletic performance: a brief review and recommendations. *Strength & Conditioning Journal, 35*(5), 43-47.

30) Walker, M. (2017). *Why we sleep: Unlocking the power of sleep and dreams.* New York, NY: Simon and Schuster.

31) Fossum, I. N., Nordnes, L. T., Storemark, S. S., Bjorvatn, B., & Pallesen, S. (2014). The association between use of electronic media in bed before going to sleep and insomnia symptoms, daytime sleepiness, morningness, and chronotype. *Behavioral sleep medicine, 12*(5), 343-357.

32) Walker, M. P., Brakefield, T., Morgan, A., Hobson, J. A., & Stickgold, R. (2002). Practice with sleep makes perfect: sleep-dependent motor skill learning. *Neuron, 35*(1), 205-211.

11장

1) Wrzesniewski, A., McCauley, C., Rozin, P., & Schwartz, B. (1997). Jobs, careers, and callings: People's relations to their work. *Journal of Research in Personality, 31*(1), 21-33.

2) Ross, L., & Ward, A. (1996). Naive realism in everyday life: Implications for social conflict and misunderstanding. In E. S. Reed, E. Turiel, & T. Brown (Eds.), *The Jean Piaget symposium series.* Values and knowledge (pp. 103-135). Hillsdale, NJ, US: Lawrence Erlbaum Associates, Inc.

3) Trope, Y., & Liberman, N. (2010). Construal-level theory of psychological distance. *Psychological Review, 117*(2), 440-463.

4) Barkow, J. H., Cosmides, L., & Tooby, J. (Eds.). (1992). *The adapted mind: Evolutionary psychology and the generation of culture.* New York, NY, US: Oxford University Press.

5) Brandstätter, V., Lengfelder, A., & Gollwitzer, P. M. (2001).

Implementation intentions and efficient action initiation. *Journal of Personality and Social Psychology, 81*(5), 946-960.

6) Brown, I., Sheeran, P., & Reuber, M. (2009). Enhancing antiepileptic drug adherence: a randomized controlled trial. *Epilepsy & Behavior, 16*(4), 634-639.

7) Bayer, U. C., & Gollwitzer, P. M. (2007). Boosting scholastic test scores by willpower: The role of implementation intentions. *Self and Identity, 6*(1), 1-19.

8) Liberman, N., Trope, Y., McCrea, S. M., & Sherman, S. J. (2007). The effect of level of construal on the temporal distance of activity enactment. *Journal of Experimental Social Psychology, 43*(1), 143-149.

9) Gollwitzer, P. M. (1999). Implementation intentions: Strong effects of simple plans. *American Psychologist, 54*(7), 493-503.

10) Cialdini, R. B. (2009). *Influence: Science and practice* (Vol. 4). Boston, MA: Pearson education.

11) Festinger, L., & Carlsmith, J. M. (1959). Cognitive consequences of forced compliance. *The Journal of Abnormal and Social Psychology, 58*(2), 203-210.

12) Bayer, U. C., Achtziger, A., Gollwitzer, P. M., & Moskowitz, G. B. (2009). Responding to subliminal cues: Do if-then plans facilitate action preparation and initiation without conscious intent? *Social Cognition, 27*(2), 183-201.

12장

1) Brown, A. M. (1990). Development of visual sensitivity to light and color vision in human infants: A critical review. *Vision Research, 30*(8), 1159-1188.

Atkinson, J., Braddick, O., & Braddick, F. (1974). Acuity and contrast sensivity of infant vision. *Nature, 247*(5440), 403-404.

Legerstee, M. (1994). Patterns of 4-month-old infant responses to hidden silent and sounding people and objects. *Early Development and Parenting, 3*(2), 71-80.

2) Baron, N. S. (2017). Reading in a digital age. *Phi Delta Kappan, 99*(2), 15-20.

3) Carver, R. P. (1990). Intelligence and reading ability in Grades 2-12. *Intelligence, 14*(4), 449-455.

4) Abdolrezapour, P., & Tavakoli, M. (2012). The relationship between emotional intelligence and EFL learners' achievement in reading comprehension. *Innovation in Language Learning and Teaching, 6*(1), 1-13.

5) Stanovich, K. E., Cunningham, A. E., & Feeman, D. J. (1984). Intelligence, cognitive skills, and early reading progress. *Reading Research Quarterly, 19*(3), 278-303.

de Jonge, P., & de Jong, P. F. (1996). Working memory, intelligence and reading ability in children. *Personality and Individual Differences, 21*(6), 1007-1020.

6) Loh, K. K., & Kanai, R. (2014). Higher media multi-tasking activity is associated with smaller gray-matter density in the anterior cingulate cortex. *Plos one, 9*(9), e106698-e106698.

Uncapher, M. R., & Wagner, A. D. (2018). Minds and brains of media multitaskers: Current findings and future directions. *Proceedings of the National Academy of Sciences, 115*(40), 9889-9896.

7) Ritchie, S. J., & Bates, T. C. (2013). Enduring links from childhood mathematics and reading achievement to adult socioeconomic status. *Psychological Science, 24*(7), 1301-1308.

8) Stanovich, K. E. (2009). Matthew effects in reading: Some consequences of individual differences in the acquisition of literacy. *Journal of Education, 189*(1-2), 23-55.

9) 박민영(2010). 책 읽는 책. 서울: 지식의 숲.

13장

1) McGonigal, K. (2016). *The upside of stress: Why stress is good for you, and how to get good at it.* City of Westminster, London, England: Penguin Books.

2) Crum, A. J., Akinola, M., Martin, A., & Fath, S. (2017). The role of stress mindset in shaping cognitive, emotional, and physiological responses to challenging and threatening stress. *Anxiety, Stress, & Coping, 30*(4), 379-395.

3) Rosling, H. (2019). *Factfulness.* Paris, FR: Flammarion.

4) Allison, A. L., Peres, J. C., Boettger, C., Leonbacher, U., Hastings, P. D., & Shirtcliff, E. A. (2012). Fight, flight, or fall: Autonomic nervous system reactivity during skydiving. *Personality and Individual Differences, 53*(3), 218-223.

5) Peifer, C. (2012). Psychophysiological correlates of flow-experience. In Engeser S. (Eds.) *Advances in Flow Research* (pp. 139-164). New York, NY: Springer.

6) Seery, M. D. (2013). The biopsychosocial model of challenge and threat: Using the heart to measure the mind. *Social and Personality Psychology Compass, 7*(9), 637-653.

7) Le Fevre, M., Matheny, J., & Kolt, G. S. (2003). Eustress, distress, and interpretation in occupational stress. *Journal of Managerial Psychology, 18*(7), 726-744.

8) OECD (2013). *OECD Guidelines on Measuring Subjective Well-being.* Paris, FR: OECD Publishing.

9) The Children's Society. (2018). *The Good Childhood Report 2018.* London, UK: The Children's Society.

메모리 크래프트: 나의 미래를 지배할 기억의 심리학

초판 1쇄 발행 2019년 12월 25일
초판 3쇄 발행 2023년 8월 10일

지은이 이국희
발행인 김진환

발행처 (주)학지사
발행처 이너북스　**주소** 서울특별시 마포구 양화로 15길 20 마인드월드빌딩
대표전화 02-330-5114　**팩스** 02-324-2345
출판신고 2006년 11월 13일　제313-2006-000265호
홈페이지 http://www.hakjisa.co.kr

ISBN 978-89-92654-54-8　03180
정가 14,000원

출판미디어기업 **학지사**

간호보건의학출판 **학지사메디컬** www.hakjisamd.co.kr
심리검사연구소 **인싸이트** www.inpsyt.co.kr
학술논문서비스 **뉴논문** www.newnonmun.com
교육연수원 **카운피아** www.counpia.com